ルポ　日本の土葬

99.97%の遺体が火葬されるこの国の0.03%の世界

鈴木貫太郎

宗教問題

ちりの大地の中に眠っている者のうち、多くの者が目を覚ます。
ある者は永遠のいのちに、ある者は恥辱と、永遠の嫌悪に。
——旧約聖書・ダニエル書　第12章２節

それからかれは、道を容易《たやす》くされ、
やがては彼に死を与えられ、墓にお埋めになり、
それから、かれがお望みになったら、彼を生き返させ給《たま》う。
——クルアーン　第80章20〜22節

はじめに

共同通信は2020年6月19日、大分県で進行している、ある墓地建設計画に関して次のような記事を出した。

火葬の習慣のないイスラム教徒（ムスリム）のため土葬ができる専用墓地を、大分県日出《ひじ》町《まち》に造る計画が進んでいることが19日、関係者への取材で分かった。同様の施設は北海道や関東など国内に数ヶ所しかなく、九州では初めてとなる。

この記事では、ムスリムが土地の購入に至った経緯の説明とともに、墓地建設に反対する一部住民の考えについても、簡単に触れられていた。外国にルーツを持つ人たちや地方の話題を中心に取材してきた筆者にとって、興味をそそられるテーマだった。そして、宗教専門誌『宗教問題』編集部から声がかかり、筆者はまず雑誌記事の取材として、大分県に入った。

現地ではすでに住民による反対運動が始まっていて、町議会には反対派住民からの陳情書が提出されていた。工事を計画している別府ムスリム協会の代表者カーン・ムハマド・タヒル・

アバス氏と、反対派を束ねる日出町議会議員・衞藤《えとう》清隆氏。筆者の取材は、まずこの2人のキーマンへのインタビューから始まった。

イスラム教の葬儀習慣に関して深い知識があるわけではなく、それまで大分県を訪れたことも、ほぼない。本当に、ゼロからのスタートだった。ムスリムたちが苦労の末、大分県での土葬墓地建設計画を始動させた背景を調べ、衞藤氏を中心にした、反対派住民の本音にも耳を傾けた。取材を重ねるうちに、この問題の本質は、日本社会が抱える墓地行政の問題と密接に関連していることが、はっきりとわかってきた。

厚生労働省が発表した衛生行政報告例によると、2020年度に日本で行われた葬送の総数は143万233件。そのうち142万9840件が火葬で99・97％。土葬は全体の約0・03％にあたる、393件しかない。そのうち300件は死産の胎児で、成人の土葬となると、わずか93件だ。こうした統計を見ただけでも、一般的な日本人にとって土葬の選択肢はなきに等しいと伝わってくる。言葉を変えれば、多くの日本人が「ムスリムはなぜ土葬を望むのか。火葬にしてくれないのか」といった素朴な疑問を抱くのも、無理はない状況といえる。

別府ムスリム協会への取材を通じて、墓地を必要としているムスリムの切実な事情を知った筆者は、次に「日本で土葬を希望する人々」を取材しようと決めた。一般に「アブラハムの宗教」と呼ばれるユダヤ教、キリスト教、イスラム教は、神の力による死後の復活を信じている点で共通している。大分県のイスラム土葬墓地問題に関する報道でも、「復活の信仰があるためムスリムは土葬を望んでいる」といった一般的な説明が、よく付記されていた。土葬への思いの根源が「死後の復活」に対する信仰であるのなら、共通の死生観を持つユダヤ教徒やキリスト教徒も、同じような悩みを抱えているのではないかと、彼らの教会などにも足を運んだ。

ところでこの問題を取材しているなかで筆者は、「火葬こそが日本の文化である。土葬を広めようとするムスリムは日本から出ていけ」といった、排他的な発言をよく目にした。主にインターネット上で発せられていた意見だったが、本当に「火葬＝日本の伝統文化」なのかとは疑問に思った。今では火葬大国になった日本だが、かつては土葬も広く普及していたからだ。

例えば天皇は、江戸時代から代々土葬で葬られてきた。この事実を元に筆者は、土葬での葬儀を執り行ったことがある神主を探し、話を聞いた。かつてあった日本の土葬文化の一端を知ることのできた貴重な体験だったが、同時に今の日本では、土葬を選択することはかなり難しいだろうとも感じた取材だった。そこで次に訪れたのが、山梨県を拠点に活動する市民団体「土葬の会」だ。実質的に土葬の選択肢がなくなった日本の葬送事情を変えようと、活動している団体である。同会は、「大都市一極集中型の都市づくり」と「日本の地域コミュニティの衰退」を土葬が廃れた理由に関連付け、説明してくれた。しかし、それでもなぜ土葬は廃れてしまったのか、より詳しく知りたいと思い、かつて土葬をしていた奈良県の集落も訪ねた。

さらに筆者は、現在の日本で土葬をするために必要な手続きや、費用面などの情報を調べた。葬儀社や霊園などへの取材を進めながら、日本で火葬が急速に広まった背景を調べ直すうち、火葬の普及が、戦後の国の政策と密接に関連している事実を知った。

取材の終盤では、大分県日出町議員の衞藤氏ら、土葬墓地反対派へ取材した筆者自身の心境を振り返りながら、土葬に反対する人たちの心理を分析した。なぜこの問題が、「多文化共生」「移民」「国際化」などという、さまざまなテーマと複雑に絡み合いながら注目されたのか。「墓地の新規建設」「土葬という葬送方式」「イスラム教」という3つの観点から、その複雑な背景を自分なりにひも解いてみた。

断っておくが、本書は「土葬」をテーマにした取材ルポであるものの、土葬を推奨、礼賛する本ではない。大分県でイスラム土葬墓地建設計画が紛糾した背景には、国際化を推進してきた日本政府の方針がある。それゆえに、この問題の本質は、日本全体が直面しているさまざまな課題と密接に関係している。読者の皆さんが、「今後の日本社会はどう変容していくべきか」という難しい問題の答を探す際の小さな手助けに本書がなれば、筆者としては望外の喜びである。

ルポ　日本の土葬　目次

第3章　日本の「伝統」としての土葬

第4章　土葬に必要な手続きとお金

第１章
大分県イスラム土葬墓地問題

日出町内に別府ムスリム協会が確保した土葬墓地建設予定地

なぜ日出町なのか

大分県日出町《ひじまち》にあるその土地を初めて訪れたのは、秋とは思えない強い日差しが降り注いでいた2020年10月の午後だった。同県別府市にある宗教法人「別府ムスリム協会」が計画している、土葬墓地の建設予定地だ。造成前なので日差しをさえぎるような構造物はなく、これといった特徴もない雑木林に見える。唯一の目印といえば、道路脇にひっそりと立つ工事計画の標識のみ。しかし、その標識も工期や管理者名などを示すビニール製のシートがはがれていて、残っているのは木製の骨組みだけ。関係者の案内がなければ、この場所にたどり着くことすら難儀しそうな場所だ。どこにでもある工事看板の前に立ち尽くしていると、取材を本格的に始める前から浮かんでいた単純な疑問はさらに大きくなっていった。

「なぜ、この場所なのか――」

そして、こんな人里離れた土地を、別府ムスリム協会はどうやって見つけたのか。

日出町は別府湾の北岸に位置する。日本有数の温泉街・別府市の隣町で、町の北には「鹿も鳴くほど厳しい山道」という由来で名付けられた「鹿鳴越連山《かなごえれんざん》」が、別府湾を見下ろすようにそびえている。日出町から望む別府湾の眺望は、戦前に活躍した教育者・新渡戸稲造が「東洋のナポリ」と賞賛したほどの絶景として知られている。1984年から2007年にかけて、5000円札の肖像画だったことでも知られる新渡戸は、国際連盟事務次長を務めるなど、世界をまたにかけて活躍した人物だ。国際社会を熟知する新渡戸が絶賛するほど、日出町は魅力あふれる場所だったということだろう。

また日出町は、戦国時代の日本にキリスト教を伝えたフランシスコ・ザビエルゆかりの地でもある。キリスト教を保護していた戦国大名・大友宗麟《おおともそうりん》の招きを受けたザビエルは１５５１年、布教をしていた山口から豊後国府内（現・大分市）へ向かった。その旅路では、険しい鹿鳴越峠を超えて日出町に立ち寄ったとされている。

別府ムスリム協会が信者向けの土葬墓地建設を目指して２０１８年12月に購入した約８０００平方メートルの土地は、ビジネスホテルや日出町役場のある中心地から車で15分以上離れた山中にある。かつてザビエルが歩いた鹿鳴越峠から、さらに南西にある別府市との境界線に近い。日出町から別府に続く国道10号線から山側の道に一度入ると、あたりの景色は一変し、木々の生い茂るクネクネと曲がりくねった山道が続く。軽自動車でも対面通行が厳しいほどの細い森路をしばらく進むと、開けた場所にようやく建設予定地の一画が見えてくる。

この土地は、筆者が取材を始めた時点で「九州で初となるイスラム教徒向け土葬墓地の建設予定地」として新聞やテレビが全国ニュースとして流すなど、すでに注目されていた。しかし、一部の報道では「別府ムスリム協会の計画に地元住民が待ったをかけ、行き詰まりかけている」などと、いささかスキャンダラスにも伝えられていた。一方で、協会がこの土地の購入に至った詳しい経緯については、ほとんど報じられていなかった。そもそも、九州最大の都市・福岡市ではなく、なぜ人口２万８０００人程度の日出町が、この「国際問題」の舞台になったのか。

これらの疑問を掘り進めるために関係者を訪ね歩くと、別府ムスリム協会が苦労の末、この土地にたどり着いた複雑な経緯がうっすらと見えてきた。疑問を解く最初の手がかりは、温泉街・別府市の都市計画にあった。日出町で繰り広げられているこの問題は、実は隣接する別府市の動きを抜きには語れない。少々遠回りになるが、別府周辺にイスラム教徒（ムスリム）が増えていくまでの経緯から、まずはひも解いていきたい。

立命館アジア太平洋大学という存在

大分県の地元紙・大分合同新聞は、1994年9月26日の朝刊1面で、ある新大学建設のニュースを、こう大々的に報じている。

立命館大学（京都市・大南正瑛《おおなみまさてる》総長）は25日、平成11年春の開学を目指し、別府市十文字原に「立命館アジア太平洋大学」（仮称）を創設することを正式に発表した。新大学は二学部、学生約3200人規模の四年制大学。学生の半数は留学生を受け入れ、アジア・太平洋地域に関する研究者や国際的ビジネスマン、国際機関、政府機関の職員など、アジア太平洋地域の人材育成の拠点を目指す。

明治・大正時代に開発された温泉郷・別府は第2次世界大戦後、国際温泉観光都市として大きく発展してきた。日本の高度経済成長に歩みを合わせるかのように、観光施設が次々と建設され、日本を代表する温泉行楽地としての地位を確立した。1976年には年間の観光客数が1300万人に達し、絶頂期を迎える。しかし、バブル経済の崩壊で日本全体が大打撃を受けた90年代に入ると、別府の観光産業にもかげりが見え始める。

大分合同新聞が立命館アジア太平洋大学（Ritsumeikan Asia Pacific University、以下「APU」）設立計画のニュースを伝えたのは、別府が苦境に立たされている、そんな時期だった。近鉄百貨店別府店が撤退を決め、大分県立芸術短大（現・芸術文化短大）や別府大学の一部が大分市に移転するなど暗い話題が続いていた温泉都市にとって、新大学設立計画は朗報として歓迎された。大分県庁で開かれた共同記者会見には、立命館大学の大南正瑛総長、大分県の平松守彦知事、別府市の井上信幸市長（いずれも当時）の三者が出席し、がっちりと握手を交わした。別府市議会の永井正副議長（同）は大分合同新聞の取材に対し、「基本的には、これからの別府市にとって大学進出は喜ばしいこと。特に若者が別府に来ることで、市全体の活性化につながる」と、率直な期待を口にしている。

市は当初、大学設立の経済効果を「年間100億円」と算出した。学生・教職員合わせて約5000人規模の大学なので、1人が月10万円を消費したとして年間合計約60億円。これに間接的な「生産誘発効果」を含めると、合わせて100億円の経済効果が期待できる——というわけだ。「とらぬ狸の皮算用」とも言われかねない壮大な計画だったが、結果的にこのAPU設立は、別府市に想定以上の恩恵をもたらした。

一部で市財政への負担や環境破壊を懸念する反対運動があったものの、大多数の市民からは理解され、APUは2000年4月に開学。開学10周年を機にAPUが実施した検証によると、大分県への経済効果は、APU自体の年間収入を加えると年間211・7億円。別府市の人口1万人当たりに占める学生数は全国平均の3・1倍。留学生数はなんと26倍に達した。さらに大分県の人口1万人あたりの留学生数は日本一に。APU設立の効果もあってか、別府市は1980年代まで続いてきた人口減少に、歯止めをかけることにも成功した。

無論、かつてないほどの勢いで多国籍の学生を受け入れたことで、計画発表時には予想されていなかった問題も発生した。しかし、そうした予期せぬ障害が現れても、APUは積極的に解決策を打ち出していった。留学生を受け入れてくれる住居やアルバイト先の確保はもちろん、日本の交通ルールに不慣れな留学生が関係した事故が増えた時期には、交通安全教室を学内で開催。こうして温泉観光都市の別府に、多文化・多宗教が交差する「国際的な学園都市」としての顔が急速に加わっていった。

APUのキャンパスを歩けば、この地域に流れる国際的な雰囲気をすぐに体験できる。正面玄関から連なるモクレンと桜の並木通りにしばらくいると、さまざまな言語を話す留学生と何度もすれ違う。学生生協に足を向けると、留学生に対する大学側の配慮がさらにはっきりと見てとれる。商品の下には小さな国旗が飾られ、ベトナム料理でおなじみの米麺フォーに始まり、アジア

別府市にある立命館アジア太平洋大学

の食材が陳列棚にびっしりと並んでいる。

アジア各国から集った留学生の中には、当然ムスリムもいる。そのため、ムスリムでも食べることができるハラルフード（イスラム教の戒律に従い、アルコールや豚肉を使わない食べ物）の品揃えも充実している。お菓子、ソーセージ、冷凍チキン、カレー、インスタントヌードル、飲み物に至るまで、棚に並ぶハラルフードは実に多種多彩だ。各ムスリムが戒律を実行する際の厳密さは、それぞれの生まれ育った土地や家族の習慣によって個人差がある。なかには、食材自体がハラルフードでも、アルコールで消毒された調理器具や食器で用意された場合、その料理は口にしないという厳格なムスリムもいる。そのため、学生食堂にはハラルフードメニューだけでなく、厳格なムスリム向けに「ハラル食器」も置くというほど、異文化に対する配慮が徹底されている。

このように、ＡＰＵを中心地として別府に多文化共生空間が広がるとともに、大学周辺に住むムスリムは増え、ついにムスリム向けの宗教法人が２０１０年12月、正式に法人登記を果たした。現在、日出町で土葬墓地建設を目指している別府ムスリム協会である。ＡＰＵ開学から、10年８カ月がたった時のことだった。

土葬する場所がない

別府ムスリム協会は別府市役所やＡＰＵの学生と連携し、祈祷スペースやハラル料理店の情報を記載した「別府ムスリムマップ」を作成したり、近隣住民との交流会を定期的に開催したりするなど、地域におけるイスラム教文化の理解普及に努めてきた。別府市には現在、ＡＰＵや別府大学の学生を中心に、約３００人のムスリムが住んでいるとされる。近年では留学後、永住や日本国籍取得を選ぶ人も増えてきた。別府ムスリム協会の中心人物も、ＡＰＵと関係を持った後に日本国籍を取得した人物だ。

日本在住のムスリムにとって、墓地の確保は長年頭を悩ませている共通の懸念事項だ。イスラム教をはじめキリスト教、ユダヤ教などの、いわゆる「アブラハムの宗教」では「死者の復活」を信じる教義があり、また、火葬されたら天国へは行けないと考えられている。ところが、ほぼ１００％の遺体が火葬される日本では、イスラム教の教えに沿った、土葬で死者を埋葬できる墓所が全国的に少ない。そんななか、２０１１年12月、別府ムスリム協会は、この土葬墓地に関する深刻な問題に直面する。協会の役員ザファー・サイード氏の長男が、早産で亡くなったのだ。

サイード氏はＡＰＵが開学した２０００年秋、パキスタンから来日した留学生だった。卒業後に日本国籍を取得し、現在は中古車の買い取り・販売会社を経営している。サイード氏の会社を訪れると、仕事の手を止めて笑顔で社内に招き入れてくれた。サイード氏は、終始一貫して紳士的な態度だった。

まず筆者は、サイード氏が日本への留学を決めた理由など、墓地とは直接関係のない話から聞き始めた。筆者と同世代だったことも助けとなり、立派なあごひげをたくわえたサイード氏は目を大きく開いて、愛嬌のある笑顔を何度も見せてくれた。しかし、土葬墓地に関する質問をし始めた途端に、彼の表情は曇り始めた。

「息子さんが亡くなられた当日の様子を教えてくださいますか」

筆者がそう切り出すと、サイード氏は流暢な英語で、ゆっくりと語り出した。はっきりとしているが戸惑いが残る口調で、今でも心に残っている悲しみが表情に浮かんでいた。

「早産で子供を失った際、日本ではどんな手続きが必要なのか、そのときは詳しく知りませんでした。息子を失ったショックで、妻はまだ病室で治療を受けていたので、私が手続きを進めました。医師からはまず『許可』を取得するよう言われました。『なんの許可ですか？』とたずねたら、『火葬の許可です』と言われました。イスラム教徒なので火葬はできないと伝え、『誰もいない山中などに埋葬できないのか』と聞いたのですが、日本ではそれが違法行為になるため、遺体を引き渡すことはできないと言われました」

亡くなったのは、結婚4年目でようやく授かった、初めての子供だった。愛する息子を火葬したくないサイード氏は、土葬の許可をもらおうと別府市役所へ向かった。担当者に境遇を伝えると、予想外の返事がきた。なんと、東京都にあるイスラム教関連施設の連絡先を渡されたのだ。当時の憤りを思い出してきたのだろうか。サイード氏の口調は次第に熱を帯びていった。

「そのとき、私はすでに日本国籍を取得していました。別府市に住んでいる日本国民の私がなぜ、これまでまったく知らない東京の組織へ連絡しなければならないのでしょうか」

土葬をしたいという意向を粘り強く伝えるサイード氏に押され、別府市役所もその場で対策を検討し始めた。しかし、なかなか結論が出ない。病院に残してきた妻が心配して電話をかけてきたが、「ちょっとトラブルになっている」とだけ伝えた。市役所で待つこと約3時間。「この場所なら土葬の許可を得ている」と、別府市内にあるカトリック教会の連絡先を渡された。

「当時の神父さんに頼むと、快く承諾してくれました。翌日、病院から息子の遺体を搬送し、埋葬しました。愛する人を亡くしたとき、人は深い悲しみにくれます。そんな状態に陥ってから埋葬場所を探すのは、困難だと痛感しました。私は幸運に恵まれ、なんとか息子を埋葬できただけなのです」

サイード氏に降りかかった不幸な出来事は、別府ムスリム協会の仲間たちに深い悲しみと同時に、驚きを与えた。

「日本で亡くなったら、土葬する場所をどうやって見つければいいのか」以降、別府ムスリム協会はムスリムを対象にした土葬墓地建設計画を、真剣に考え始めるようになる。

イスラム教を含む多国籍文化が混在する街に変貌した別府市。全国でも有数の、多文化共生の街づくりが進んだ。しかし、ムスリムの死と葬送をどうすればいいのかを、自治体の責任で考えてきたことはこれまでなかった。いや、国際化の波に乗り、街が発展する様子のみを好意的にとらえていた自治体にしてみれば、「土葬墓地の確保」は、今まで気づかず未解決のまま放置してきた「盲点」だったといえるのかもしれない。

現れた助っ人

別府ムスリム協会のカーン・ムハマド・タヒル・アバス代表は、パキスタンに生まれ育ち、2001年3月に留学生として来日した。九州大学で博士号を取得した後、07年からAPUの教授に。サイード氏同様、日本国籍を取得し、パキスタン出身の妻と、3人の子供とともに別府市内で暮らしてきた。しかし、「九州には土葬できるイスラム墓地がない」という現実がある限り、「完全な心の安寧を得ることはない」と話す。

筆者が別府ムスリム協会を初めて取材した日はちょうど、礼拝のために多くのムスリムがモスク（礼拝堂）に集まる金曜日だった。インタビューの予定時間より早く到着したので、モスクの様子をしばらくながめていた。高級車に乗って颯爽とモスクに現れたかと思うと、ごく短時間で礼拝をすませてその場を去るビジネスマンのような人もいれば、自転車や徒歩でやってきて、礼拝が終わっても友人との談笑を楽しんでいる人もいる。多くのムスリムが帰途につき、一段落した後でモスクの中に入ると、シワひとつない真っ白なワイシャツに紺のジャケットを着た、カーン代表が笑顔で迎えてくれた。黒ぶちのメガネの奥に光る瞳と端正な口ひげが、彼のまっすぐな性格を表していると、第一印象で感じた。

「ようこそいらっしゃいました。なんでも質問してください」

来日の経緯や家族の話など、他愛ない雑談をしているときは穏やかな笑顔を浮かべていたカーン氏だったが、土葬墓地建設計画に話題が転じると、表情はくもり、焦燥感があらわになった。

「私がパキスタン国籍であったのなら、パキスタン政府が本国に遺体を無料で搬送してくれる制度もあるんですよ。しかし、日本国籍を取得した人やその子供たちは、日本で埋葬地を探すしかありません。サイードさんの息子さんを受け入れてくれた教会の空き区画も、今では満杯状態です。九州や中国地方で亡くなったムスリムのなかには、多額のお金を使って遺体を（土葬墓地のある）関東まで運ぶ人もいます。一刻も早く地元で土葬ができる場所を見つけて、根本的に問題を解決したいと思っています」

この問題が表面化して以来、メディアの取材を受け続けているカーン氏の母国語はウルドゥー

別府ムスリム協会のカーン代表

語で、日本人記者と話す時は英語になる場合が多い。日常会話程度の日本語は話せるが、細かいニュアンスを表現するには、英語のほうが自信を持って話せるという。日本でビジネスをしているサイード氏は、カーン氏よりも流暢な日本語を操るが、それでも母国語のウルドゥー語の次に得意な言語は英語だそうだ。墓地用の土地探しとなれば、母国語が日本語の人間でもセンシティブにならざるをえないだろう。別府ムスリム協会がいかに土地探しで苦労したか、想像に難くない。

まず別府ムスリム協会では、別府市内に墓地をつくる道を模索した。しかし、大分県庁や別府市役所にも相談に行ったが、具体的な解決策は見つからなかった。別府市営の霊園を使用できないかと願い出たが、市として紹介や斡旋はできないとの回答を得たという。いくら探しても、カーン氏やサイード氏だけの力では土地は見つからなかった。困り果てていた別府ムスリム協会だったが、そこに強力な助っ人が現れ、事態は好転し始める。別府ムスリム協会が、別府市の隣町である日出町内で墓地建設計画を始動できたのは、これら第三者の全面的な協力によるところが大きい。

まず最初に協力の手を差し伸べたのは、大分県中津市にある曹洞宗・善隆寺の自覚大道住職だった。東京の大学を卒業した自覚氏は、アジア各国で教育支援活動を実施している曹洞宗系の公益社団法人「シャンティ国際ボランティア会」での勤務を経て、２０１４年、故郷の大分県中津市に戻った。

自覚氏がシャンティ国際ボランティア会に勤務していた時代には、アフガニスタンのタリバン政権にまつわるニュースが世間を騒がせていた。自覚氏は言う。

「そのころ、アフガニスタン事務所のスタッフと交流する機会があったのですが、イスラムの教えや生活習慣について、私はあまり詳しくない状態でした。私自身は仏教徒ですが、彼らと接しても失礼がないようにと、イスラム教について勉強を始めました」

落ち着いた声が印象的な自覚氏だが、カーン氏に出会った当時をこう振り返り始めると、さらに柔和な口調になった。しかし、その優しい口調の奥には、はっきりとした意志を感じた。自覚氏は続ける。

「大分県に戻ってきても、イスラム教徒と交流できる場所を探していました。ちょうどそのときはイスラム国（ＩＳ）が台頭していたころで、イスラム教と聞いただけで過激なイメージになる偏見を払拭したいと感じていました。仏教の僧侶が偏見を持っていてはいけないと思い、まずは九州の曹洞宗僧侶向けに、イスラム教に関する研修会を企画しました。講師派遣を別府ムスリム協会に飛び込みでお願いしたのが、お付き合いの始まりです。あたたかく迎えてもらい、その後2年間で、3回くらい勉強会を開きました。別府市は外国籍の住民が増えるとともに、国際化していきました。私が帰郷した当時も、すでにムスリムにとって住みやすい街づくりが進んでいました。そんな彼らに『一番困っていることは何か』と聞くと、『土葬可能なお墓がないこと』と言われ、協力しようと決めたんです」

とはいえ、自覚氏にとっても土葬墓地用の土地探しは初体験で、容易なことではなかった。地元・中津市にある仏教墓地の一部区画を譲り受けられないか。あるいは、土地を整備したものの売り切れていない火葬墓地を土葬用に転用できないか。さまざまな道を模索したが、なかなかいい候補地は見つからなかった。

サイード氏の息子を別府カトリック教会が受け入れてくれた事実をヒントに、キリスト教関係の施設を調べているうち、日出町にある大分トラピスト修道院が、土葬で信者を埋葬していると知った。そして、協力を求めて修道院を訪問する。事前に連絡は取っていなかった。しかし、来意を告げると、初対面の日本人修道士は、「いつか、いらっしゃるだろうと思っていました」と話し、突然の訪問を受け入れてくれた。出口が見える気配すらなかった別府ムスリム協会の土地探しに、一筋の光が差し込んだ瞬間だった。

大分トラピスト修道院の代表役員である塩谷久氏は、自覚氏がやってきた日を、今でもはっきりと覚えているとして、こう話す。

「イスラム教徒のような帽子をかぶった男性と一緒に、作務衣姿の自覚さんが突然いらっしゃいました。自覚さんのお姿から、仏教のお坊さんだなと一目でわかりました。すでに別府市内のカトリック教会が、イスラム教徒のご遺体を受け入れたという話を聞いていましたので、いつかはこちらにもいらっしゃるかもしれないと思っていました。自覚さんと一緒にいらしたムスリムの方は、第一印象で『相当お困りになっているな』と感じました」

別府湾を一望できる丘の頂上にある大分トラピスト修道院は、正式名を「厳律シトー修道会・お告げの聖母修道院」という。ローマ・カトリック教会の所属だ。聖ベネディクトの祝日に当たる１９８０年7月11日、日本で2番目の男子トラピスト修道院として、現在の場所に創立された。

トラピスト修道院の生活は、厳格な戒律に基づいている。午前3時半に起床。毎日のミサ聖祭に加えて、１日7回の祈りを捧げる。労働、祈り、聖書を中心とした読書などからなる、質素な共同生活を送っている。昔ほど厳格ではないものの、食事中や労働中も沈黙を守る特徴も残っているとされる。

設立の翌年秋からは、敷地内で製造したクッキーの販売を始めた。修道院の敷地から見える絶景と、クッキーを求めてくる観光客もいる。直接の交流は少ないが、近くに住む住民からも「クッキーを作っているトラピストさん」と呼ばれ、親しまれている。自覚氏が訪れた日はちょうど、塩谷氏がクッキーの売店で店番をしていたときだった。塩谷氏は言う。

「以前、別府警察関係者と名乗る男性が訪問してきて、『あなたたちは土葬をしているのか。別府にいるイスラム教徒が土葬に関して困っている』と相談されたことがありました。この男性は一度来たきり音沙汰なしでしたが、それから常に気になっていました。世界各地にあるトラピスト修道院のなかには、イスラム教との交流があるところもあります。そのため、私もイスラム教を正しく理解したいという気持ちがありました」

トラピスト修道院の場合、信者は原則土葬。敷地内に、土葬許可をすでに得ている区画もある。自覚氏と別府ムスリム協会は、修道院にある土葬区域内、もしくは隣にムスリム用の墓地をつくれないかと願い出たが、この段階では「修道会の敷地内にイスラム教徒を埋葬するのは難しい」との結論に、いったんたどり着いた。しかし、塩谷氏は土葬墓地を建設できる可能性のある土地を一緒に探すと協力を申し出た。そして塩谷氏の橋渡しで、別府ムスリム協会は新たな助っ人に出会う。墓地建設予定地を含む、その周辺の計33万平方メートルにおよぶ広大な土地と不動産物件を管理していた、一般社団法人「速見ヒルズ」の代表理事、三浦定雄氏だった。

日出町に移住した実業家

日出町での現地取材を始める前、筆者の取材予定リストに「三浦定雄」の名前はなかった。ニュースに登場するのは反対住民と別府ムスリム協会が中心で、重要なキーマンでありながらも、三浦氏の存在は報道の表舞台に登場していなかったからだ。現地取材でその影が浮かび上がってはきたものの、日出町出身者でないためか、三浦氏の素性や現在の心境を詳しく知る人物は皆無だった。しかし、この地域にとって影響力のある移住者であることだけは、すぐにはっきりとわかった。

住民との会話で何度も三浦氏にまつわるうわさ話を聞いていたため、「この人物にインタビューせずして、東京には帰れない」と思っていた。たとえ電話取材を断られても自宅に足を運び、再度取材を願い出る覚悟だった。近隣住民の話しぶりから、「舞台裏で実力をふるう、謎めいた人物」だと勝手に想像をふくらませていたため、「おそらく取材は拒絶される」と予想していたのだ。しかし、ホームページに記載されていた「速見ヒルズ」の電話番号に連絡すると、なんと三浦氏本人が直接応対してくれた。そして意外にも、三浦氏はあっさりと取材を受け入れてくれた。電話口の三浦氏は、関西弁でこう話した。

「私の知っていることなら、もうなんぼでもお話ししますよ。隠すことはありませんから。いつでもお越しください」

バブル経済が真っ盛りだった時代、三浦氏は関西で服飾デザインの企画会社を経営していた。アメリカ、ヨーロッパのファッション街への海外出張は当たり前の生活が続き、三浦氏は多忙を極めていた。当時のゴルフ仲間に紹介され、１９８９年に日出町を初訪問。出張で行ったイタリアのナポリを思い出させるほどの景色と豊かな自然にほれ込み、家族とともに自分がリフレッ

速見ヒルズの三浦定雄代表理事（右は三浦夫人）

シュできる場所にしようと別荘を購入した。その後、95年に発生した阪神淡路大震災を機に事業を整理し、日出町に移住。三浦氏は再出発を誓った。

自覚氏とカーン氏の思いに賛同した三浦氏は、土地の売却だけでなく、複雑な行政手続きに関するアドバイスも含め、全面的に協力をしていく。行政とムスリム側の間に入り調整してきた三浦氏は、こう話した。

「自覚住職もカーン代表も立派な人ですよ。トラピスト修道院も賛成している。困っている人に土地を使ってもらえるならば、そのほうがええじゃないですか。日本国籍を取得されている人もいるのですから、そのまま放っておくわけにもいかない問題でしょう。もう私も70を超えましたし、グリコの人生や。『おまけ』みたいなもんですよ。でも、せっかくの『おまけ』ならば、世のため、誰かのために役に立ちたいじゃないですか」

突然の訪問だったのにもかかわらず、三浦氏とのインタビューは5時間近くにおよんだ。ユーモアを交えた三浦氏の巧みな話術に引き込まれていくうちに、取材前に感じていた不気味な雰囲気は消えていった。その代わり、単なる移住者ではない、「行動する経営者」としての実像が見えてきた。

三浦氏のオフィスはきれいなログハウスで、リビングの中心にはおしゃれな薪ストーブがある。天井は高いが嫌味な派手さはまったくない。自然と調和したデザインで、この地域にある住居の中でも群を抜いてセンスが光る木造建築だ。速見ヒルズにある周辺の草木は、日出町のほかの場所よりも手入れが行き届いている印象を受けた。しかし、余計なところには資金を投資しない三浦氏の実用的な性格を表すように、「自家用車は軽トラック」だという。関西弁で冗談を交えながら話す三浦氏だったが、時折見せる鋭い眼光は、数多くの修羅場をくぐり抜けてきた実業家であることを示しているようだった。

三浦氏が移住した当時、日出町では宅地分譲・開発会社の「グリーンハイツ」が、ずさんな別荘事業を展開していた。現在、三浦氏が所有・管理している土地の多くは、当時グリーンハイツが開発した「グリーンヒルズ21」と呼ばれる別荘地だった。バブル期の日本では、資産価値のほとんどない原野などを将来性がある物件だとだまして売る、「原野商法」と呼ばれる悪徳商法が横行し、多くの被害者が出ていた。グリーンハイツも同様の手口で、三浦氏をはじめとする多くの人に「温泉付きの別荘地」という触れ込みで物件を販売した。しかし、「夢の別荘地」は実現しないまま、グリーンハイツは資金繰りが悪化。2001年に破産してしまう。

その後、三浦氏は地権者の代表として、グリーンハイツ関連会社と何度もの訴訟を経験する。この戦いのなかで三浦氏らの立ち上げた「速見ヒルズ」は、最終的にグリーンハイツ関連会社が管理していた土地を破産管財人から買い受けた。以降、三浦氏は権利関係が複雑に入り組む土地の状況を整理しながら経営を続け、今日に至っている。前述のように、別府ムスリム協会の土葬墓地建設予定地は、そもそも三浦氏が管理していた土地なのだ。

こうした経緯から、三浦氏は日出町役場の職員に知り合いがいるだけでなく、土地をめぐる行政や司法の手続きに精通していた。別府ムスリム協会にとっては、初めて経験する墓地建設である。町役場ともつながりのある三浦氏の助けは、大きな力となった。

自覚氏、塩谷氏、三浦氏からの全面的な協力を得た別府ムスリム協会は、管理事務所の設置や墓地の設計など、必要な条件を順調に整えていった。予定地は半径3キロ以内に修道士以外の住民がいないため、2020年中には土葬墓地が完成すると見込んでいた。しかし、思わぬところで立ち往生してしまう。計画を知った住民たちから、不安の声があがり始めたからだ。

あがる反対の声

現在、東京や大阪などの都市部では、条例で土葬自体を禁止しているが、国の墓地埋葬法では土葬を認めている。つまり、今の日本で土葬の可否判断は、それぞれの自治体にゆだねられている。日出町の条例では土葬を禁じておらず、町長が許可すれば土葬墓地を開設できる。

カーン氏らは三浦氏の力を借りて、土葬墓地建設予定地に隣接する地区の代表からも、承諾書に署名捺印をもらっていた。そもそも2018年末時点の打ち合わせでは、町役場は「条例に該当する近隣住民はいないので住民説明会は不要」と、別府ムスリム協会に口頭で指導していたという。しかし19年4月以降に役場は前言を撤回し、「地区長の承諾だけでは不十分。住民説明会を開く必要がある」と方針を変えた。

こうした日出町役場の指導に従って住民説明会を重ねるうちに、地下水や農業用水への影響を不安視する声が高まっていった。そして2020年8月、日出町内の住民約100人が反対陳情書を町長と町議会に提出すると、事態は急変。計画は完全な膠着状態に陥ってしまう。承諾書に一度サインした地区長（地区の代表）は、次第に大きくなっていった反対住民の声を考慮して、土葬墓地をめぐる一件からは距離を置いている。

反対派を束ねて陳情書を提出したのは、日出町議会（定数16）の衛藤《えとう》清隆議員だ。1949年生まれの衛藤氏は、土葬墓地の建設予定地である日出町南畑《みなみはた》の住民でもある。衛藤氏はかつて、「南端村《みなみはた》」と呼ばれていた地区に生まれた。このかつて存在した村の名は、本問題を理解する上での重要なキーワードであるため、後ほど詳しく述べる。

衛藤氏は大分県農業実践大学校（現・大分県立農業大学校）に進学する予定だったが、入学前に父親が大きな怪我を負って働けなくなり、長男として家業の農業を継いだ。同時期に大工へ弟子入りし、8年間の修行生活を経験。大工と葉タバコ農家を兼業しながら、弟と妹を含む一家全員の生活費と学費を稼いだ。また地元の消防団でも、地区の代表を勤めて汗を流してきた。

衞藤氏の地元は、日出町の中心部に比べ過疎化が進み、有権者が特に少ない地区だ。衞藤氏のきょうだいは町外に居住している。3人の息子のうち2人は実家を出て別府市で暮らし、日出町議選の有権者は妻と息子1人だけだ。息子たちは仕事の合間に選挙戦を手伝ってくれるものの、地元の票を固めただけでは当選できないため、いつも苦戦を強いられる。しかし、2016年8月の補欠選挙で初当選した以降、持ち前のバイタリティで活発な選挙運動を展開し、22年3月まで2回、厳しい選挙戦を勝ち抜いてきた。

衞藤氏は、自分が生まれ育った地区を代表しているという気持ちが強い人物だ。そして、この土葬墓地建設の計画に関しては、住民説明会が開かれる直前まで行政から何の根回しもなく、寝耳に水だったという。しかも、承諾書に一度サインした地区長は、衞藤議員の自宅から一軒挟んだすぐ隣に住む、遠縁でもある男性だった。

筆者との待ち合わせ場所に現れた衞藤氏は、白髪まじりの短髪をきれいに整え、半ソデの白いワイシャツを着ていた。清潔感がある服装と言葉づかいから、「謙虚な人物」という第一印象を受けた。議会閉会中は農作業もしているため、顔は日焼けしている。分厚い手のひらと太い指が、土と触れ合っている彼の生活スタイルを表しているようだった。

東京からやってきた筆者を気づかってか、衛藤氏はインタビューの冒頭では、かなり丁寧な標準語を使っていた。しかし、事情を説明していくうちに完全な大分弁になり、次第に憤りが露わになっていった。

「地区長も行政も、何で事前に声をかけてくれんかったんか。どうせ反対すると思っとったんじゃろうか」

衛藤氏の怒りに比例するように、目尻のシワはどんどん上向きになり、眉間のシワはより深くなっていった。衛藤氏は続ける。

「そりゃあねえ、墓地ができたからといっても、5年、10年で影響はおそらくないっちゅうことは理解してますよ。じゃけど、被害が出てからでは遅いじゃろう。自分たちはおらんかもしれんけど、先々のことを言っているんです。日出町の未来はどうなるんじゃ。もし、何かあったら、誰が責任を取るんじゃ」

衛藤氏らが心配しているのは、地下水脈を通じた水質への影響だ。イスラム土葬墓地の建設予定地から直線距離で約1・2キロメートル離れた場所に、農業用水に使われているため池がある。その先には、上下水道につながる水源地や配水池もある。

別府ムスリム協会関係者が三浦氏を介して墓地計画の概要を初めて地域に話した際、長老たちの間では「問題ないじゃろう」という反応が大半を占めていた。しかし、住民説明会を間近にして衛藤氏の耳に墓地計画の情報が入ると、長老たちをはじめとする集落の意見は一変。反対の声

日出町の反対派住民たち（左から吉野勝敏氏、衛藤清隆氏、末綱文雄氏）

が急速に広がっていった。

衛藤氏の案内で、地区の役員会議で土葬墓地建設計画を一度承諾したものの、決断を翻意した長老2人を紹介してもらった。吉野勝敏氏と末綱文雄氏だ。吉野氏の自宅前で吉野氏、末綱氏、衛藤氏、そして筆者の4人で、熱いお茶をすすりながら彼ら側の意見に耳を傾けた。吉野氏、末綱氏は一度下した決断を変えた事情もあるため、どこか申し訳なさそうな雰囲気を出していた。お互いの自己紹介が終わったあと、筆者は「なぜ土葬墓地の建設に反対するのか、率直に教えてください」と、単刀直入に質問した。すると、区長代理（当時）であった吉野氏がこう切り出した。

「もしも何かあると、ちょうど飲料水（の水源地）がアッコにあるんでねえ。汚染されると困るってみんな、しちょるんだがね。地下水じゃから、どこでどうなるかわからんからなぁ」

　筆者はそれに、「それではなぜ、いったんは承諾したのでしょうか。どうして心境が変化したのですか」と返した。吉野氏がまた返す。

「区長は役員だけに知らせていたんじゃ。そのときはあまり関心がなくて、まあ、あそこならええじゃろって感じじゃったんじゃ」

　つまり「役員に知らせていた」ということは、吉野氏も承諾していたという意味だ。当初は問題ないと思っていたのに、なぜ、そしていつ、「水が汚染される恐れがある」という考えに変わったのか。このあと言葉を変えて何度か同じ疑問をぶつけたが、吉野氏は憎めない笑顔を見せて煙に巻くばかりだった。あきらめずにしつこく同じ質問を繰り返していたからだろう。末綱氏が途中から会話を引き取って、こう言った。

「場所が場所なので関係ないと、真剣に思っていなかったわな。水源地からもだいぶ離れちょるし。そのときは正直な話、水源地とか思いもせんかった。私たちも悪かったんじゃ。そこまで深く考えてなかったんじゃ」

　末綱氏が長老の非を認めるような発言をすると、横で話をじっと聞いていた衞藤氏が語気を強め、長老をかばうように会話に割って入り、言った。

「まあ最初は私も言ってなかったけん。私が地下水に関して心配したら、みんなも『はあ、そうじゃなあ』となったんじゃ。それを知ってからは、『水源地はあそこにもある』とか、『農作物に風評被害が出るんじゃないか』とか、みんなからも声が出だしたんじゃ」

ここで交わした会話は、一見当たり前のようだったが、取材を進めるうちに、「住民の感情」を理解する上で極めて重要だったと、後々わかってきた。衛藤氏が反対住民100人の署名を集め陳情書を提出した背景には、「日出町の未来を守る」とか、「住民の声を届ける」とか、議員としての使命感とか、そういうものがいろいろとあったはずである。しかしそれ以上に、「なぜ初めから私に相談してくれなかったんだ」という、無意識の葛藤が根底にあったに違いない。

法律上、別府ムスリム協会側が衛藤氏から、事前承諾を得る義務はない。また、役所の担当者が衛藤氏へ事前に情報を伝え、根回しをしなければならないという規則もない。しかし、初期段階から衛藤氏がムスリム協会の味方になっていれば、結果は変わっていた可能性はある。これは取材中、筆者が何度も感じたことだった。

しかし、「条例に定められた住民はいない」という指導を役場に翻意された上、三浦氏らを通じて地区長からは承諾をもらっていたのだから、「条例で定められた以上の努力をしてきているのに、なぜ必要以上に待たされるのか」と、ムスリム協会側が怒りを覚えるのも当然だろう。別府ムスリム協会が地区長から建設の承諾を得たのが2019年5月。そして、第1回の住民説明会が行われたのが翌20年2月14日。衛藤氏の証言が正しいとすれば、約8カ月間、役所の担当者は衛藤氏に、この情報を伝えなかったことになる。

衛藤氏は、よく言えば感情あふれる熱血漢だ。悪く言えば、想いは熱いが、科学的な知識や合理性を基にした冷静な議論は苦手といえるかもしれない。だからこそ、自覚氏、塩谷氏、三浦氏に続く第4の協力者として衞藤氏が加わっていれば、この話は意外とすんなり成功していたのではないかと思えてならないのである。

住民が主張する「不安」に話を戻そう。そもそも土葬墓地建設予定地の近くには、人の住む集落はない。さらに付け加えれば、周辺には自衛隊の演習場も広がっているため、一般人が出入りできない区域が広がっている。広大な原野のなかには、人間が気づかないだけで、鹿や猪などの死骸や糞尿が放置されている可能性もあるだろう。

住民説明会で上がった不安や質問に対して、別府ムスリム協会は土葬墓地の安全性を示す努力をしてきた。すでに述べたように、町内にある大分トラピスト修道院では1990年から敷地内で土葬をしている。修道院はクッキー製造工場も経営しているため、保健所に水質検査結果を提出する義務がある。墓地開設から住民説明会が開催されるまでの30年間で、110基分の区画内に8人を土葬したが、水質への影響は出ていない。それに加えて、塩谷氏は日本全国にある同系列の修道院が持つ土葬墓地の状況も調査。なかには日出町の例より近い位置に水源地や民家がある土葬墓地もあったが、水質汚染は発生していないことがわかった。

これだけの資料を提示されても、1キロ以上先のため池に地下水を通じて影響が出ると心配するのは、若干過剰なのではないか——。これまでの経緯を知らない部外者ならば、そう簡単に決めつけてもしまうだろう状況だった。事実、この時期の報道には、「地元の無理解」を遠回しに批判する記事もあった。

別府ムスリム協会側は住民説明会でもこうした資料を提出し、丁寧に、そして繰り返し安全性を主張したが、住民を納得させるだけの回答にはなりえなかった。漠然とした未知のリスクを不安視している住民に対して、ほかの場所での事例をいくら科学的に提示しても、完全にリスクがなくなったという意識にはならなかったからだ。

反対陳情書が提出されてからは、新聞やＮＨＫなどが相次いで大きく報道したこともあり、この問題は一挙に全国からの注目を集め始めた。両者の歩み寄りをうながすような報道もあったが、地元での話し合いは進展せず、しばらく手詰まりの状態が続いてしまう。

科学だけでは割り切れない

取材をしながら、こんな疑問が浮かんできた。なぜ日出町の人たちは、大分トラピスト修道院の土葬墓地を受け入れたにも関わらず、ムスリムの土葬墓地には嫌悪感を示しているのだろうか。その理由を聞いて回ったが、「修道院で土葬をしているとは知らなかった」と話す住民が大多数だった。後の取材で、この疑問を解くカギは、時代とともに移り変わってきた墓地行政と深く関係しているとわかった。

前述のように、終戦直後に制定された墓地埋葬法は、土葬を禁じていない。近年まで土葬が続いていた地域もある。日出町もその一例で、祖父母の時代までさかのぼれば土葬だったという人が多い。人口流動や少子高齢化など、墓を取り巻く環境が変化するとともに、墓地行政のあり方も変化していった。こうした社会の移り変わりに加えて、地方自治を推進する国の政策が重なり、次第に墓地経営の許可権限は、都道府県知事から市区町村に委譲されていった。

大分トラピスト修道院が墓地の開設許可を得た１９９０年、許可権限者は県知事だった。なんと申請書の提出から約３カ月という速さで許可を取得している。許可を出したのは、アジア各国と大分県を結ぶローカル外交を推進した平松守彦知事(当時)。奇しくも平松氏はＡＰＵを招致し、別府市に国際化の流れを呼びこんだ立役者でもあった。このとき、許可申請を担当した修道院の責任者は20年以上前に他界しているため、詳しい事情はわからない。しかし、修道院関係者の記憶によれば、今回のような住民説明会は開催しなかったという。

この問題を分析する上でよく第三者が指摘するのは、地元住民のイスラム教に対する偏見である。しかし、日出町を歩いて取材しているときにはこんな声をよく聞いた。

「イスラム教に対する不安が原因だなどと指摘する報道もあるけど、そりゃあ的外れですよ。同じ人間なんだし、葬儀の大切さはわかる。火葬だったらええんじゃ。すぐ近くに別府霊園があって、何も問題ないんだから」

トラピスト修道院が土葬許可を得た経緯を知り、不安の源泉は「イスラム教に対する忌避反応」ではないと思うようになった。「火葬ならばいい」という証言を聞いてから、住民が反対する理由を突き詰めていく取材を続けた。町の多くの人が主張するように、「水質を汚染するかもしれない土葬」が不安につながっているのか。表面上は確かにそれを理由に反対している。しかし取材を重ねて、その表面をさらに深く掘り進めると、「葬送方法の違い」も、住民が訴える不安の源泉ではないと強く思うに至った。

前述の通り、反対住民のほとんどは過去に土葬を何らかの形で経験している。衞藤氏が小学生くらいの時代まで、集落には土葬文化が残っていた。衞藤氏の祖母は土葬だったという。墓地建設計画を一度承認した末綱氏は、昔の土葬文化について今でも鮮明に覚えている。

ぽっちゃり体型と憎めない柔和な笑顔が特徴的な末綱氏は、昔話をすると目尻のしわが一層深くなる。以前、地域に残っていた土葬の風習について聞くと、ほほをゆるめて話し始めた。

「昔はここらへんも土葬しよったんじゃ。わしも20代の時に穴を掘ったことがある。穴を掘るのは大変なんじゃ。昔は葬儀があれば、10人くらいでくじ引きして役割を決めたんじゃ。それで穴掘りになった人間は、若いもんでも床の間に座らせてくれたんじゃ。そのくらい、穴掘りは大切な仕事じゃったんじゃ」

笑顔を交えながら懐かしそうに土葬に関する昔話を口にする住民は、末綱氏だけではなかった。そのような場面に遭遇したときは、「土葬文化を知っているのに、なぜムスリムの土葬墓地には反対するのか」と遠慮なくしつこく聞いた。そうすると、大抵は同じ感じの答が返ってきた。代表例を挙げる。

「確かに昔は土葬していたが、わざわざ水源地の近くには埋葬しなかった」

「イスラム教徒は棺を用いず、布に包んで埋葬すると聞く。棺桶を使う日本風とは違う」

「トラピスト教会も土葬している。しかし、あそこは山の上だから、日出町の地下水には影響がないはず」

どれも住民感情としては理解できる意見だが、科学的に検証された考えかと問われれば、疑問を抱かざるをえない。住民と膝を交えたことがない人が彼らの意見を聞けば、「非科学的な論理で事実を認識している」と思われてしまうかもしれない。

反対の声を上げている住民は大半が高齢者で、素朴な人物が多い。丁寧に会話を重ねていくうちに、彼らは「科学を理由に水質汚染を心配しているようで、科学的な話をしているのではない。イスラム教の土葬文化を理由に反対しているようで、その文化だけを問題視しているのではない」という、奇妙な感覚がだんだんつかめてきた。

それではいったい、彼らは本当は何を心配しているのか。頭が混乱してきたとき、胸にストンと落ちるある言葉に出会った。

「百歩譲って、日出町に住んでいて税金を払っている人が困っていて土葬したいというなら、『それなら同じ住民で助け合おう』って思えるけど、よその県に住んでた人の遺体までやってくるっていうんだから。そりゃあ反対するわなあ」

住民の隠れた感情をうかがい知る上で、これは聞き逃せない証言だった。

日出町で繰り広げられている土葬墓地をめぐる議論のなかで登場する主な人物のうち、日出町に暮らしの拠点を置いている人は、三浦氏、衞藤氏ら反対住民、トラピスト修道院、そして役場の関係者くらいである。別府ムスリム協会は名の通り別府市にあるのであり、そこに所属するムスリムの多くも、日出町外に住む人たちだ。仮に土葬墓地が完成すれば、遺体が埋葬される可能性のある人の分布は、九州全土に広がるだろう。

一方、反対住民たちは、日出町で生まれ育った人たちが中心だ。実業家である三浦氏は、日出町に魅力を感じて移住を決めた。彼も日出町に郷土愛を抱いていることは間違いない。しかし、国際的な人脈があり、海外でのビジネスの経験もある三浦氏がかもし出す雰囲気は、反対住民とは明らかに異なる。この取材でよく登場した「多様性」という言葉に対する反応や理解も、三浦氏と反対住民の間では違う。両者とも「多様性」の大切さはわかっていても、反対住民の心には、言葉だけでは簡単に割り切れない「感情」があると気づいた。

ここまで取材して、ようやくひとつの仮説にたどり着いた。不安の根源は、宗教でも、科学でも、土葬でもない。「共同体としての感情」だ、と。反対の声を注意深く聞きながら、地区の歴史を取材すればするほど、その思いは強くなっていった。

南端村の話

別府ムスリム協会の墓地建設予定地のある日出町南畑は、かつて南端村という集落だった。地元の人からは「なんたん」と呼ばれ、行政区としてはすでに消滅した名前にも関わらず、「なんたん」

という言葉が取材中によく登場した。

　1954年3月、町村合併促進法に基づき、豊岡町、藤原村、川崎村、大神村、日出町の5つの町村が合併し、現在の行政区割りに近い、新しい日出町が誕生した。このとき、南端村は村の中央部分が広い原野と山林であり、周囲のどの行政区と合併しても反対側が辺地になるなどの問題点が多かったため、合併が見送られた。しかし、2年後の56年、南端村は隣接の市町村と分散して合併することとなった。その名残もあり、この地域には「南畑」という地名が別府市、杵築市山香町、宇佐市安心院町、そして日出町の計4つの行政区に存在している。そして、土葬墓地建設計画に反対している住民の出身地を丁寧に追っていくと、ほぼ全員が元南端村の関係者だとわかった。反対陳情書に署名した住民が暮らす目刈と高平両地区も、もともとは南端村の一部だった。

　近年、元南端村の集落は過疎化と高齢化が進み、人口が激減している。日出町役場から集落へつながるコミュニティバス路線が残っているものの、利用率は悪い。病気で車の運転ができなくなった高齢の住民や衛藤氏などがときどき利用する程度で、「誰も乗らないから廃止になったのではないか」という住民がいるほど、使われていない路線だ。

　2000年にAPUが開学して以降、この地域には国際化の波が押し寄せてきた。別府市は留学生を中心とする学生の人口が増えたことを契機に、街を発展させていった。JR別府駅からAPUキャンパスに走るバスが開通し、学生の通学圏内にはマンションやショッピング施設が増加した。しかし、ＡＰＵと別府市内を結ぶ交通網に比べて、日出町南畑へ向かうそれは圧倒的に不便だ。反対住民の多くが居住する南畑の高平と目刈両地区は直線距離ではＡＰＵに近いものの、公共交通機関が整備されていないため、自家用車でなければ行き来ができない。隣接する別府市が変貌を遂げていった時期、ＡＰＵキャンパスと目と鼻の先にある元南端村高平・目刈地区では、国際化の恩恵を享受できぬまま暗いニュースが続くばかりだった。

イスラム土葬墓地に反対する住民は、衞藤氏も含めて大半が南端小・中学校の卒業生だ。江戸時代後期の儒学者で「豊後の三賢」と称される帆足万里《ほあしばんり》が設立した私塾「西崦精舎《せいえんせいしゃ》」の跡地が校舎近くにあり、南端村は教育に熱心な地域といわれていた時期もあったという。

華やかで国際的な学舎であるＡＰＵの発展に反比例するように、元南端村の地区は衰退の一途をたどった。目刈と高平両地区にも子供はいるのだが、越境して区外の学校に通う生徒の数が年々増えていき、南端小・中学校は２０１４年に小学校が、16年に中学校が休校となった。日出町役場や住民も、なんとか若者を集落に呼び込もうと対策を練ってきた。南端小・中学校の催し物にＡＰＵの学生が参加することはあったが、キャンパスへの足がないことが大きな要因となったのか、抜本的な活性化を地域にもたらすような大きな成果にはつながっていない。

一方で、ＡＰＵ開学を好機ととらえて成長の力に変えられた住民もいる。その代表こそ、速見ヒルズの代表理事である三浦氏だ。開校当初に速見ヒルズが募ったアルバイトには、なんとＡＰＵの留学生40人が面接にやってきたという。三浦氏はその後もＡＰＵ留学生との交流を深め、なかには家族のような関係性を築いた卒業生もいる。しかし、ビジネスの経験が豊富な三浦氏以外に、元南端村の地区にＡＰＵ設立をチャンスに転換できた人物はほとんどいなかったといっていい。

土葬墓地建設計画に反対している末綱文雄氏も、南端小・中学校の卒業生だ。昔話をする末綱氏は、畑を見つめながら目を細めた。

「わしらが小・中学生だったときは、同級生が29人おったんじゃ。ひとつ上のクラスは45人いたんじゃ。それがどんどん少なくなってなあ。最後には生徒の数より先生のほうが多かった。一度村を出て便利なところに行ったら、戻ってこん。農業が食えなくなってしまったんじゃ。村がこげんなるとは思わなんだったなあ」

自分が暮らす土地とのつながりが希薄な都会人には理解しがたいだろうが、過疎化が進む中間山地の人々ほど、生まれ育った故郷への愛着が強いものだ。元南端村の住民も例外ではない。簡単には止められないほどの縮小傾向にある集落の現状は、誰よりも自分たちが一番理解している。しかし、青春時代を過ごした村の原風景に対する愛着は強い。だから、異質で新しいものには敏感になる。

もちろん、南端村のたどった運命と土葬墓地反対運動に直接的な関係はない。しかし、反対する住民の証言を丁寧に追っていくと、「南端村」と「土葬墓地反対運動」は、「共同体としての感情」という一本の線でつながっているように思えてならなかった。一見、非科学的にも聞こえる反対の声は、「生まれ育った南端村のことなのだから、もっと私たちの意見も聞いてくれ」という、元村人たちの痛烈な叫びだったといえるのではないだろうか。

水に縁深い日出町

住民の間で土葬墓地建設計画に対する反対の声が上がり始めた当初は、地下水への汚染以外にも、土砂崩れの危険性など、いくつかの懸念事項が列挙されていた。しかし、別府ムスリム協会が真摯に説明を繰り返していくうちに、「地下水への影響」に問題は集約されていった。前述のように、この地下水への影響に対してもムスリム側は科学的な検査結果を示しながら安全性を訴えた。しかし、住民の「水」に対する不安だけは最後まで消えなかった。

なぜ住民は、「水」にここまで強い感情を示したのか。ほかの事柄でなく、「水」にこだわった必然性はあったのか。それとも単なる偶然だったのか。その理由は、日出町と水の関係性がおそらく影響していると筆者はみている。

日出城跡近くの海で獲れるカレイは「城下《しろした》カレイ」と呼ばれ、町の特産品として知られている。学術的には普通のマコガレイと変わらないのだが、日出城下に広がる海域には海底から真水の湧き出るところがあり、海水と真水が混じり塩分が薄い環境で育ったため、「よそで獲れたカレイよりも頭は小さく、尾ヒレが広い。肉厚で、かつ泥臭くなく、上品な味がする」として、日出町のシンボルのひとつになっている。江戸時代は将軍家への献上物となっていて、一般の人には禁漁時期が設けられていたこともあり、「殿様魚」という名も伝えられている。多くの著名人が城下カレイに舌鼓を打ったとされ、明治から昭和に活躍した俳人で小説家の高浜虚子もその一人だ。正岡子規の高弟であった虚子が日出町を訪れた際に詠んだ俳句「海中に　真清水わきて　魚育つ」にも、城下カレイと水が登場する。この俳句からも「きれいで美味しい水」が、古くから大切にされてきた地域性がわかる。

日出町の上水道は大きく分けて、鹿鳴越山系の地下水をくみ上げたものと、豊岡地区の湧水源から取水した2種類がある。今でも町の上水道の多くは良質な地下水でまかなわれていて、町役場も「蛇口をひねればミネラルウォーターが出てくる町」というキャッチフレーズで、美味しい水を売りにしている。美味しい水が湧き出る環境を守るため、「水源保護条例」も定められている。住民が五穀豊穣を願い水に感謝する「水神祭」など、湧水にまつわる地域行事も残っている。また、日出町には「名水」と呼ばれる湧水口や水くみスポットが豊富にある。イスラム土葬墓地の建設予定地からは車で10分以上離れているが、南畑にも「水の口湧水」という、屋根のある水くみ場が整備されている。

南畑に隣接する豊岡地区には、町外からわざわざ水をくみにくる人がいるほどの有名な湧水スポットがたくさんある。そのひとつである「山田湧水」に足を運ぶと、雨天にも関わらず大きなタンクをたくさん持った男性がいた。聞くと、10日に1度は必ず水をくみにくるそうだ。「近所の年寄りにも配るんじゃ」と豪快に笑う男性は、10個以上のタンクを満杯にして軽自動車に積む

別府湾からながめた日出町

と、坂を下って自分の家に帰っていった。

数分も経たずに違う乗用車が止まった。車で30分以上も離れた大分市内から水をくむため、日出町にわざわざやってきたという。1カ月に1度は必ずくみにきているというその中年女性は、「日出町の湧水は全然味が違う。1回飲んだらやめられない」と、笑顔で話していた。この日は雨天だったが、晴天の日には長い行列ができることもざらにあるという。

「美味しい水」を誇りにしてきた日出町の文化と、今回の土葬墓地に対する反対運動にも、直接の関わりはない。異なる事実を連想ゲームのようにつなげただけで、科学的な裏付けはまったくない。城下カレイに関していえば、住民説明会での議論にすら上がっていないだろう。これらはあくまでも、筆者が取材で見つけた点と点を結んだ見えない線に過ぎない。しかし、こうした背景を理解している行政が積極的に土葬墓地を受け入れる方針を初期段階から打ち出していれば、住民の感情に配慮して、もう少しうまく立ち回れたのではないだろうか。

また、日出町役場から見れば、「発信地は別府。隣の行政区から持ってこられた厄介な問題」という認識があるのかもしれない。筆者が役場に向けて行った取材申し込みにも、「住民への説明は事業者（別府ムスリム協会）の責任で」という、一見丁寧に見える紋切り型の対応を崩すことはなかった。

反対陳情書の採択

そもそも日本では、墓地を経営できるのは地方公共団体か公益法人、宗教法人などに限られている。宗教法人である別府ムスリム協会は、申請者としての条件を満たしている。日出町の条例には、墓地を新設する際は近隣住民への説明会が必要と明記されているものの、住民投票などとは異なり、「住民の賛成」を示す明確な基準はない。「ごく一部の住民のみが反対しているだけで、大多数の賛同は得ている」という判断、あるいは「住民への説明は尽くされていない」という判断のどちらでも、最終的には許可権限者の町長次第で決まるといえそうだ。

別府ムスリム協会側は、「公共衛生に対する安全性も示しているし、条例に決められた条件は満たしている」という立場だ。一方、衛藤氏ら反対派は、「町民として納得できる説明がないので、町長の判断で中止にしてほしい」と要望していた。双方が、本田博文町長に政治決断を迫っている格好だ。

　2020年6月に開かれた町議会で衞藤氏は、「町長の政治的判断で住民の安心安全を守っていただきたい」と迫った。これに対して本田町長は、「町長以下執行部が条例に従って事務を執行する」「町民の立場になった、町民のための政治はもとより心がけている」と、賛成反対どちらとも言えない発言を繰り返し、明言は避けた。

　衞藤氏が提出した反対陳情書は同年10月、12月の議会で議題に上がった。10月の議会ではいったん「継続審査」となり結論は持ち越されたが、12月の議会では賛成多数で採択された。

　反対陳情の採択に際する議論で、いくつか興味深い事実が明らかになった。ひとつは、日出町は過去にも墓地建設計画が浮上した際、住民の反対によって中止となった事例があるということだった。反対陳情に賛成した森昭人議員は、こう発言している。

「日出町では2006年10月、町内の宗教法人が手がける墓地建設計画が持ち上がり、これは火葬で納骨する墓地でありますが、建設計画地の地元と隣接する2つの地区の区長から今回と同じように建設反対の陳情が出されまして、その後、直近12月の定例会において審議をし、全会一致でこれを採択。近隣住民の方々の理解が得られていなかったことを大きな理由の一つとして、日出町議会として墓地建設反対の立場を取った経緯があります。その考えは宗教のいかんを問わず、議会としてやはり一貫していなければならないというふうに考えております」

　関係者の記憶によると、この宗教法人が墓地を建設しようとしたのは、日出町の住宅街に近い地域で、現在イスラム土葬墓地の建設が予定されている場所とは条件が大きく異なる。しかし、すでに町内にある宗教法人が計画した墓地（一般的な火葬後の遺骨を納める墓地）にすら反対の声が上がるという事実を見れば、「墓地」という施設自体に、住民の反発を呼びやすい性質があることがわかる。全国的にみても、墓地や火葬場の建設計画は「地価が下がる」などとされ、住民の反対運動を呼びやすい。たとえ主体の事業者が別府ムスリム協会でなくても、困難な道であったことは間違いない。

また明らかになったのは、地元議員の本音だ。採択と同時に表明された附帯決議には、賛成・反対のどちらかを迫られ、苦悩する日出町議員の葛藤がにじんでいる。熊谷健作議員は町議会で、このような決議内容を読み上げた。

「この陳情については、その性質上、私たちも重大で深刻な事案と受け止め、熟考し議論してまいりました。その結果、当該地域住民の100名に上る署名のもと、陳情書が提出されたことを真摯に受け止め、住民の要請に従うべきとの結論に至りました。しかしながら、近年、国際化の流れの中で、当町でも外国人留学生との交流等も進んできております。そうした中、墓地建設について、町民の意見も賛否が拮抗しています。よって、執行部においては、これからも地域住民と来日ムスリムとの相互理解が深まるように、なお一層の努力をお願いするものであります。また、最終的にいずれの結論になるにしても、日出町が外国人差別、宗教差別を助長する町と受け取られないような細心の注意と配慮を行うことを求めるものであります。さらに、本来、外国人の墓地建設については、国が主導的にガイドラインを設け、あっせんなどを行うべきであるものと考えます。外国人の流入を許容する中で、こうした事態は予見できるものであり、国の不作為は明確であります。したがって、今後も国、そして宗教法人の許認可権者である県とともに協議をし、調停などの行動を要請することを求めるものであります」

つまり、「住民の声は大事にしたいが、外国人差別を助長する町という悪評が立つことは避けたい」という本音が色濃くにじんだ、玉虫色の内容だ。ガイドライン設定を国に求める姿勢からは、「地方行政に責任を押し付けるな」という、隠れた本音が聞こえてくる。

反対陳情は、採択されても実現について法的拘束力を持たない。しかし、住民の代表である議会の声に対してどういう姿勢を示せるのか、執行機関が政治的・道義的責任を負うことになる。この場合は、つまり町長が最終的にどうやって政治的決着をつけるかという点にかかってくる。

板挟み状態になっている本田町長に、筆者は「判断を下す具体的な時期」について聞きたいと取材を申し込んだ。予想はしていたものの、役場を通じて返ってきたのは、次のような紋切り型の回答だった。

「本件に関しては事前協議中のためコメントを差し控えたい。住民の不安が払拭できるよう事業者（別府ムスリム協会）にきちんと対応してもらいたい」

本田町長は各メディアの取材に対して、決断する素振りを見せたこともあったが、これまで大きな決断は下さず、静観する方針を貫いている。いつまでも煮え切らない本田町長の態度に対して、関係者からはこんな声が聞こえ始めている。

「政治的な決断を下し、万が一訴訟問題に発展した場合、責任追求されるのを恐れているのではないか。選挙に影響が出る可能性もあるため、決断を先延ばしにしているのだろう」

本田町長は2020年8月の選挙で再選を果たしたばかり。次点候補との差はわずか361票で、辛くも勝利を拾った形だった。次の任期満了は24年9月。それまでに、本田町長が決断を下す日は来るのだろうか。

別府ムスリム協会が厚労省へ陳情

土葬墓地建設計画は止まったままだが、衞藤氏が提出した反対陳情が採択されてから、小さな進行ともいえる変化がいくつか現れた。そのひとつは、別府ムスリム協会が厚生労働省を訪れ、多様な宗教に対応できる、土葬も可能な公営墓地を全国に整備するよう陳情したことだ。

2021年6月、別府ムスリム協会のカーン代表は、自覚住職、トラピスト修道院の塩谷氏らとともに厚生労働省を訪れ、信仰に基づいて埋葬方法を選べる公営墓地を各都道府県に少なくとも1カ所設けるか、既存の公営墓地に土葬できる区画を整備するよう求めた。行政側に手渡した陳情は2通ある。1つは墓地に関わる行政業務を所管する厚労省の医薬・生活衛生局宛で、もう1つは田村憲久厚労大臣（当時）にあてたものだ。

反対住民に対する直接的な批判は避け、別府ムスリム協会は多文化共生社会を実現していく上で日本が抱えている課題を指摘した。実際に手渡された陳情文はＡ４用紙2枚の長さだが、特に重要なポイントを要約すると以下のような趣旨になる。

人口減少や経済の停滞を受けて、日本政府は海外から人材を受け入れ、国際化を推進しています。ですが、異なる文化で育った人が亡くなった場合、自分の望む葬儀の様式を選択できない現状に悩まされています。また日本人の中にもムスリムとして生きることを選択している人がいます。多文化共生社会を実現するため、この課題を解決することは日本政府の国際的なイメージを高めるものにもなるはずです。国の責任と調整で問題解決に取り組んでほしい――。

国会議員会館で開かれた記者会見には、カーン氏、自覚氏、塩谷氏に加えて、陳情の同行者も出席した。同行者のひとりで、カーン氏の同僚でもあるＡＰＵの児島真爾准教授は、多文化主義や国際社会学の講義を担当している。イスラム土葬墓地建設の設置許可を求めるオンライン署名運動に協力するなど、カーン氏への側面的なサポートを続けてきた人物だ。児島氏は落ち着いた口調でこう主張した。

「日本は国として、信教の自由を認めています。ただ信教の最後の地点にある『埋葬』となると、99％以上が火葬となっています。果たして、この現状は『信教の自由』という観点から見てどうなのでしょうか。この問題の本質は、『信教の自由』に地域格差が生じているという点にあると感じています。土葬へのアクセスがある方とない方で大きな差があり、アクセスのない方が自助努力で役場と交渉するがなかなか解決策がみつからない。それを是正する必要があると思います」

会見には、宗教法人日本ムスリム協会の徳増公明会長（当時）も列席した。日出町での問題に直接関わってはいなかったが、日本に住むムスリムがこれまで直面してきた土葬問題の難しさを、身をもって知る当事者である。徳増会長が話し始めるたびに、会場にいた記者たちが、その小さな声を聞き逃すまいとして、空気が引き締まるのがわかった。

「日本には今、約23万人のイスラム教徒がいるといわれています。そのうち5万〜6万人が日本人。私が入信した56年前は、全国で３０００人程度しかいなかったと推計されていました。当然亡くなる人も増えています。イスラム教徒にとって火葬は、神の意思に反することです。土葬に関しては長年、大きな問題として抱えてきました。１９６０年代に山梨県甲府市で仏教の住職が霊園を作ってくれた。当時は地元の人たちも協力してくれました。ですが、土地が限られていて、どうしても墓地は必要になってきます。今回の陳情では、政府として『よくわかりました。検討します』と回答してくれました。ただし、時間のかかることはわかりきっています。ですが、とにかく、ひとつのきっかけになったかと思います。政府に対して一番の大きな影響力は国民の声だと思います。ムスリム以外の国民の皆さんにも声が広まっていけば、政府も動くと思います。日本は国際化をもっと進めていこうとしています。そういう中、国境を越えた文化や宗教を尊重し理解する必要性は高まっているのではないでしょうか」

別府ムスリム協会が衆議院会館で開いた記者会見（左から日本ムスリム協会の徳増公明会長、別府ムスリム協会のカーン代表、大分トラピスト修道院の塩谷久代表役員、立命館アジア太平洋大学の児島真爾准教授）

陳情に訪れた際、厚労省担当者は「なぜ進まないのですか。日出町ともう少しコミュケーションを密にしてやったらどうか」という反応を示したという。厚労省担当者の率直な反応は、構造的な盲点として、この問題がどれだけ放置され続けてきたかという事実を示唆している。

国内ムスリムの不安が集積されたような暗い雰囲気の記者会見だったが、カーン氏のスピーチで会場が少し明るくなる場面があった。カーン氏が、晴れ晴れとした表情でこう話したのだ。以下は、英語まじりだったカーン氏の日本語スピーチに、筆者の翻訳を加えた要約だ。

「この問題に直面してから、日本国籍を取得するという自分の決断は正しかったのか。日本にいるという決断はよかったのかと、何回も自問自答しました。報道されてから、何人もの日本人が手を差し伸べてくれました。近くの国東《くにさき》（大分県国東市）にある自分の土地を使ってくれと言ってくれる人もいました。これが日本です。ですから、日本で暮らすという決断は私の人生でベストな決断であったと今でも信じています。日本人はとても親切で、とてもいい人です。もし相手がどれほど困っているかわかったら、助けてくれますよ。多分、反対する人も悪い人ではないと思います。とても心配しているだけと思います」

自分たちの意見が聞き入れられず、大きな不満を抱えている当事者とは思えない、カーン氏の前向きなスピーチに、筆者を含む参加者の多くが感動し、進展を期待した。しかし、そうした期待とは裏腹に国からの反応はなく、この問題は再度手詰まりの状態に戻ってしまうのだった。

トラピスト修道院の決断

日出町での反対陳情採択後に起きたもうひとつの重要な動きは、大分トラピスト修道院がムスリムの遺体を受け入れ始めたことである。いったんは「イスラム教徒の遺体は敷地内に埋葬できない」と回答したはずの塩谷氏だったが、実は心に秘めていた計画を実行するために、着々と準備を始めていた。黒と白を基調にした修道服を身に付けた塩谷氏は落ち着いた表情で、当時の心境を打ち明けてくれた。

「メディアに注目され始めたころから、問題の長期化を予想していました。必ず私どもも協力しなければならないときが来ると思っていました。ですが、代表職の任期は6年です。私以外の代になったときに方針が変わっては、イスラム教徒の方もお困りになりますので、先を見越して組織内の合意を得て、ムスリムのご遺体を受け入れることに決めました」

塩谷氏が中心となり組織内手続きを進め、大分トラピスト修道院が承認した内規には、埋葬期間や無縁墓になった場合の手続きなどが定められている。そのほかにもムスリムが別の埋葬場所を確保した場合は、墓を移設する「改葬手続き」を進めることなどが明記されている。

塩谷氏の予感は的中する。初となるケースは2021年2月に起きた。福岡県で亡くなった70代の日本人ムスリム男性が、大分トラピスト修道院に埋葬された。22年4月現在、この男性を含む3人の遺体が受け入れられた。うちひとりは、インドネシアから日本にやってきた技能実習生だった。

1965年生まれの塩谷氏は18歳のときに洗礼を受け、80年代から修道士としての生活を始めた。日ごろから時間に厳しい生活をしているせいか、塩谷氏は修道服と不釣り合いなデジタル式の腕時計をつけている。アポなしで訪問しても柔和な笑顔で迎えてくれた。寡黙だが、困った人には手を差し伸べる人格者だ。

前述の通り、トラピスト修道院の場合、原則土葬。塩谷氏自身も、埋葬用の穴を掘った経験がある。しかし、近年は変化が表れているという。全国に7カ所ある同系列の施設のうち、火葬に移行する修道院も出始めたというのだ。最大の理由は「高齢化で穴を掘る力がないから」だそうだ。「ムスリムの遺体を受け入れ、何を感じたか」と問うと、塩谷氏はゆっくりとこう答えた。

「イスラム教の方のお葬式を見ていて、イスラム教の魅力は『共同体の力』であるのかもしれないと感じました。穴を掘るのも大変ですが、ご遺体を穴に下ろすときも1人では降ろせませんから。今の日本だとやろうと思えば、1人でお葬式をできてしまいますよね。土葬は『共同体で生きた人間を、共同体で送る』という、人生の通過地点としての重要な意味があるんじゃないか。私たちはその視点が抜けてしまっているんじゃないかなと思いました」

トラピスト修道院は計110基の埋葬許可を得ている。イスラム教の墓3基に加えて、キリスト教の墓12基がすでにある。理論上は、あと95基分の敷地がある。

「受け入れられるうちは、受け入れたい。土地はまだまだありますから」

そう話す塩谷氏の笑顔には、修道士としての覚悟がはっきりと浮かんでいた。

別の反対運動が

別府ムスリム協会が国に陳情してから約5カ月が経過した2021年11月5日、事態は思わぬ方向に展開をみせる。本田町長も同席した、反対住民の代表者と別府ムスリム協会側による意見交換会で、住民側から「埋葬場所がトラピスト修道院隣地の町共有地ならば反対しない」と提案があったのだ。その場で結論は出なかったが、町役場とムスリム協会の双方が持ち帰って検討することで合意した。カーン氏らは、土葬による水質への影響を認めたわけではないが、住民の感情を考慮することが重要と考え、この提案を前向きに受け入れた。

関係者全員が合意し、これでようやく墓地建設が始まる。そう思った矢先、予想していなかった方向から「待った」がかかってしまう。代替地に隣接する杵築市の住民が反対の声を上げたのだ。前にも述べた通り、別府ムスリム協会が三浦氏から購入した土地は元南端村の中心近くにあった場所で、周辺は4つの行政区に囲まれている。日出町の住民に考慮して代替地へ移すということは、同時に、別の町の境界線に近づくということを意味していた。

代替の町有地は、トラピスト修道院の入り口近くにある。修道院内の私有道路と隣接していて、何も事情を知らない人が見れば「修道院の敷地」と思うだろう。それほど隣接している土地だ。そして、近くには杵築市山香町久木野尾の下切区の住民が利用する、飲料水の水源地がある。衛藤氏らが水質汚染を不安視していたため池は1・2キロ離れていたが、今回の水源地と代替地の距離は550メートル。別府ムスリム協会は土葬による水質汚染を認めたわけではないのだが、山香町の住民にすれば、「なぜ日出町は、自分の町で受け入れられないものを、別の地域に押し付けるのか」と感じられても仕方のない位置だった。

山香町の反対派を束ねたのは、加藤義雄氏という人物だ。率直な気持ちを聞きたいと取材を申し出たが、加藤氏から取材の許可を得るまでには時間を要した。加藤氏の職場を通じて取材を申し込んでから数日後、加藤氏本人から電話があり、健康を理由に取材を断られた。反対の声をあげているのだから「取材のチャンスはある」と信じて、いったん断られても電話を切らず、「もし私が大分県で取材している最中に体調のいい日があれば、取材させてください」と頼み込むと、加藤氏は筆者に押される形で、取材を了承してくれた。

待ち合わせ場所に現れた加藤氏は、少し不機嫌そうな声をしていた。足取りも意識もしっかりとしていたが、この話題については話したくなさそうな雰囲気を感じた。しかし意見を丁寧に聞くと、日出町の反対派と共通した感情を加藤氏も抱いているとすぐにわかった。当該の水源地は１９６６年、飲み水の確保に困った住民が苦労して見つけたものだという。加藤氏は当時の様子をこう振り返る。

「以前はほかの水源地から飲み水を確保していたんじゃ。ところが突然、その水源地の水が枯れた。隣町の川まで水をくみに行く生活が続き、ついに井戸の水も枯れた。飲料水にもこと欠く状態になってきたので、村人が一緒に山の奥に水源地を見つけて、そこからみんなでパイプを敷設したんじゃ。わしもまだ20代じゃった」

土葬墓地の位置を変えるらしいといううわさを加藤氏が聞いたのは２０２１年11月末。翌年２月に日出町の副町長が杵築市を訪問し、代替地に関する説明を正式に受けたという。そのときの気持ちを思い出したのか、加藤氏の声は少しずつ大きくなっていった。

「確かに、副町長と職員が来て説明をしてくれた。だが、初めから『代替地が決まりました』という姿勢だったんじゃ。こちらの意見もろくに聞かない。まったく説明不足なんじゃ」

興奮気味に話す加藤氏の姿が、日出町の反対派住民の姿と重なった。「やはり『共同体としての感情』が原因だろうか」という考えが頭によぎったとき、かつて日出町で何度も聞いた言葉、「寝耳に水」を加藤氏も口にした。

「まさに『寝耳に水』じゃったんじゃ。百歩譲って、こちらに代替地を持ってくるならば、相談の一声を事前にかけてくれてもよかろう。それがいきなりの説明で『代替地が決まりました』じゃ。そういう態度も反対している理由のひとつじゃ」

日出町の説明に納得できなかった加藤氏は、杵築市議会と日出町の両方へ陳情書を提出することを決める。そして杵築市議会は2022年3月の本会議で、加藤氏が提出した反対陳情を全会一致で採択、日出町へ対応を求めた。この反対陳情採択を受け、杵築市の永松悟市長は同年4月、日出町の本田町長を訪れ、杵築市の住民に対しても真摯な対応を求めた。

日出町と杵築市は今後も協議を続けるとしているが、別府ムスリム協会にとっては「足踏み状態」にまたもや戻る形となってしまった。

大分の日本人ムスリム

杵築市で反対陳情が採択された4日後の2022年3月22日、日出町では町議会選挙が行われていた。選挙戦初日、衞藤氏を取材すると、「必勝」鉢巻を頭につけたままインタビューに応じてくれた。

「わしらとしても譲歩したつもりじゃったんじゃが、うまくいかんのう。将来を考えたら『多様性』が大事じゃっちゅうことはわかっとる。なんとかならんかのう」

これまで衞藤議員の口からは積極的に発せられることはなかった「多様性」という言葉が、数回出てきた。これには驚いた。問題の舞台が杵築市に移ったことで心に余裕が生まれたのか。それとも、何か心情に変化を与えるきっかけがあったのか。

「年末にイスラム教徒の皆さんが別府から私の家までわざわざ挨拶に来てくれてのう。3人じゃったな。日本人の方もおったな。困っておるのはわしらも理解できるんじゃがのう」

そう話す衞藤氏の口調からは、以前取材したときにあふれていた怒気が薄れていた。この新たに登場した日本人ムスリムは重要なキーマンに違いないと思い、カーン氏から連絡先を聞き、取材を申し込んだ。

衞藤氏の心境に小さな動きを与えた日本人ムスリムである佐藤幸生氏は、1957年11月、大分県に生まれた。40代を迎える前にカトリック教徒として洗礼を受け、一時期はカトリック教区の職員として働いたこともある人物だ。ある体験をきっかけにカトリック教会に失望していると き、ムスリムの仲間と出会い、2021年6月にイスラム教に改宗した。

民間企業での営業経験もある佐藤氏は、屈託のない笑顔を浮かべて筆者を見つめた。佐藤氏の笑みは、別府ムスリム協会で出会った温和なムスリムたちの表情と重なった。そんな佐藤氏は、こう言う。

「2021年12月、カーン氏らに日出町であいさつ回りをしようと提案しました。すぐに私の願いは実現して、衞藤議員など、町の皆さんに年末のごあいさつにうかがいました。日本風だったら、新年会に酒でも届けたらどうかとも思いましたが、イスラム教徒の私たちにはそれはできませんから、ご自宅にあいさつだけうかがいました。衞藤議員も最初は『家に来られても困る』とおっしゃっていましたが、最後には少し話をさせていただきました」

取材を続けてきて、ムスリムと地元住民の議論が平行線をたどるひとつの理由に「言語の壁」があるのではと感じることが多々あった。筆者がムスリムを取材するときは主に英語。衞藤氏らとは、当然だが日本語だ。もちろん住民説明会などの重要な場面では、日本語と英語を操る人物などが適宜通訳をしているのだが、話しぶりに表れる双方の誠実さや性格、語感の違いまではわかり合えないのではないか。自覚氏、塩谷氏、三浦氏は協力者ではあるが、ムスリムではない。「ムスリムの誠実な声が言語の壁に阻まれ、住民の心に十分に響いていない」というもどかしさを常に感じていた。筆者を真っ直ぐ見つめて、佐藤氏はこう続けた。

「初めて金曜礼拝に訪問したとき、モスクにいた日本人は私ひとりで緊張しました。礼拝が終わった後に語らい、仲よくしてもらい、ようやく彼らの優しい人柄がわかりました。モスクに通い始めて、妻には『あなたいつもニコニコ笑顔ね』と言われました。住民の皆さんと話すときは日本語ですから、彼ら（イスラム教徒）も緊張しているのだと思います。丁寧に説明すれば『イスラム教徒も同じ人間なんだ』と思ってくれるはずです。きっといつか『笑って、肩をたたき合う仲間になってくれるはず』と私は信じています」

佐藤氏の登場は、言語の壁を乗り越えるひとつのきっかけになった。しかし、佐藤氏らがあいさつ回りをした直後に杵築市で反対陳情が採択され、停滞状態からは抜け出せていない。完全決着には、まだまだ時間がかかりそうだ。

ひとつの問題を乗り越えたら、また別の難題が登場する。想像していなかった障害が次々と現れるのにもかかわらず、別府ムスリム協会の人々は物事を前向きにとらえていて、土葬墓地建設計画を断念する気配はない。終焉の地を確保することは、ムスリムにとってそれほど重要であるということだろう。その点を、カーン氏は清々しい表情でこう言うのだった。

「日本に住むイスラム教徒の多くはこれまで、仏教のお寺の敷地やキリスト教墓地の敷地を借用させてもらう形で土葬してきました。しかし、私はその現状を知ったとき、それは『100％誠実な方法』と言えないのではないかと感じました。時間はかかると思いますが、正当な方法で実現させたいのです。日本はとてもいい国です。今、私たちのことが注目されているのは、それだけ誰も知らなかったということです。でも、日本人ならば丁寧に説明すれば理解してくれるはずです。困難に直面してもあきらめずに、地元の皆さんへ責任を持って説明を続けたいと思います。私たちを成長させるために、神は試練を与えるのです」

すべては神の思し召し。別府ムスリム協会の墓地探しに終わりはくるのか。まさに今後の行方は、「神のみぞ知る」といえそうだ。

第２章
ムスリムが土葬を望むわけ

別府ムスリム協会で礼拝するムスリム男性

なぜ土葬がしたいのか

大分県日出町でイスラム土葬墓地建設計画の取材をしている最中、反対派の町議会議員である衞藤清隆氏に、何度かこんなことを言われた。

「なぜ彼らはそんなに土葬にこだわるんじゃろうか。なんとか火葬にしてくれんもんじゃろうか」

これは、反対運動の先頭に立っていた衞藤氏だけの頭に浮かんだ特別な疑問ではなかった。困難に直面しながらも頑なに土葬を希望するムスリムたちの姿を見て、多くの日本人が抱く、素朴な疑問ともいえる。

古くから日本に残る宗教性のある行事や風土は、その多くが生活の変化に合わせて形を変えてきた。どんな人間も関わる重大な宗教行事といえる、死者の葬送もそのひとつだ。かつては土葬で死者を弔っていた地域も火葬が主流となり、現在の日本は99％以上の遺体が火葬される国になった。衞藤氏が住む集落でもかつては土葬をしていたそうだが、今では火葬が主流だ。

前述の衞藤氏の疑問に対して、筆者は「イスラム教の宗教的な背景があるんですよ。教義で火葬は禁じられている」といった紋切り型の回答を口にしてみたものの、当事者の切迫感を解きほぐせるような説明ではないと、自分自身で感じていた。「時代と環境に合わせて、ムスリムも葬送方法を変えられないものか」と言いたそうな衞藤氏の不満げな表情を見て、土葬墓地計画を取材していたものの、根本的な問題には迫りきれていない自分の詰めの甘さに気がついた。

なぜ彼らムスリムはここまで土葬を希望するのか——。衞藤氏から投げかけられたこの疑問の答を探すため、筆者はさらに「今日の日本で土葬を希望する人々」を訪ね歩くことに決めた。

一般に「アブラハムの宗教」とも呼ばれるユダヤ教、キリスト教、イスラム教の各一神教は、天地の創造主である神の力による死後の復活と、来世の存在を信じていることに共通点がある。それゆえ遺体を焼いてしまうと、復活すべき肉体が失われる、つまり復活できなくなると考えるわけだ。このイスラム土葬墓地問題に関する各種の報道を見ても、そこには「神に与えられた体を尊重する教えと復活の信仰があるため、ムスリムたちは土葬を強く希望している」という一般的な説明がよく付記されていた。土葬に対する強い思いの源が「死後の復活」に対する信仰であるのならば、共通の死生観を持つキリスト教徒とユダヤ教徒も同じ悩みを抱えているはずだ。いったい、日本における彼らの埋葬事情はどうなっているのか。

火葬に順応した日本のキリスト教

世界の人口動静を調査するアメリカの独立団体「ワールド・ポピュレーション・レビュー」によると、世界のキリスト教徒人口は推計約23億８０００万人で、世界最大の宗教グループとされている。一方、日本の文化庁が発行した２０２１年度版『宗教年鑑』によると、日本のキリスト教徒の数は約１９３万人。宗教年鑑の記載は宗教法人からの自己申告に基づく数字であるため、多く見積もられている可能性もあるが、日本のキリスト教徒の数は総人口約1億２０００万人の１％前後と言って差し支えないだろう。日本に活動拠点があるキリスト教関連団体を大きく分けると、バチカンのローマ教皇を頂点とするカトリック教会、ロシア・中東・東欧を中心に広がっている東方正教会、そして16世紀の宗教改革以降に現れたプロテスタントの３派となる。

このうち団体別に比べると、報告された数値の上ではほぼ、カトリックとプロテスタントの２派で信者数のほとんどを独占している。しかし、改革派とも呼ばれるプロテスタントは、火葬を柔軟に受け入れている。もし、大分県で出会ったムスリムのように、土葬墓地探しに困っているキリスト教徒がいるのであれば、カトリック信徒であるほうが可能性が高いだろう。そこで筆者は、「日本におけるカトリック信徒の土葬事情を聞かせてほしい」と、カトリック東京大司教区に取材を申し込んだ。

東京メトロ有楽町線の江戸川橋駅を降りて、目白通りを曲がり、そのままゆるやかな坂道を登る。そうしてホテル椿山荘と獨協中学・高等学校を過ぎたところに、東京カテドラル聖マリア聖堂（東京都文京区）がある。カトリック教会には組織内の行政区分があり、日本には16の教区がある。それぞれの教区責任者である大司教は、ギリシャ語で「カテドラ」と呼ぶ椅子に着座して儀式を執り行う。司教の紋章がついたこの椅子がある教会は「カテドラル（司教座聖堂）」と呼ばれ、教区で中心的な教会として位置づけられている。

１８８７年に現在の場所に聖母仏語学校が開かれ、その学生らによって付属聖堂が建造された。１８９９年に木造の聖堂が完成。翌年にカトリック関口協会として正式に小教区となり、１９２０年に東京のカテドラルとなったが、第２次世界大戦の東京大空襲で聖堂は全焼してしまう。現在の「聖マリア大聖堂」は、世界的に有名な建築家・丹下健三の設計で64年に再建されたものだ。今では、東京大司教区の司教座聖堂として、教区全体の行事や集会が行われている。

東京大司教区が管理する墓地霊園の担当事務所は、この聖マリア大聖堂の中にある。聖堂内での写真撮影は原則禁止。筆者が訪れたときは木曜日の午後で、ちょうど礼拝が行われていた。約束の時間より前に到着し、神々しい聖堂内を見学しようと足を進めたら、係員から「見学はできませんので」と、ようやく聞き取れるほどの声で優しく注意された。一眼レフカメラを首からさげていたため、観光客と勘違いされたのだろう。取材で来訪したと告げようとした瞬間、小柄な紳士がスッと間に入ってくれた。アポイントをとっていた相手、東京大司教区で霊園担当をしている白数正風氏だった。

白髪を短くさっぱりと整えた髪型の白数氏が「私と約束している記者さんです」と話すと、係員は無言で笑みを浮かべ、会釈しながらその場を離れて行った。礼拝が続いていて、「静寂」という言葉がぴったりなほど空気が張り詰めていた。インタビューのためにどこか別室に移動するのだろうと想像していた。しかし、白数氏が「どうぞお座りください」と案内した場所は、聖マリア大聖堂の入り口そばにある受付コーナーだった。新型コロナウイルスの感染対策で、白数氏と筆者の間にはパーテーションがあり、小声ではコミュケーションが取りづらい。厳かに聖歌が響き渡るなか、どの程度の声量で質問したらいいのか悩んでいると、白数氏のほうからまず、筆者にこう質問してきた。

「今はやっぱり、土葬は厳しいのではないですか？」

カトリック教会には「バチカン公議会」と呼ばれる最高レベルの会議体がある。ローマ教皇の招集に応じて全世界から集まった司教団が、信仰や生活に関する議題を討議する場所だ。公会議での議論や決定には、カトリック信徒の信仰だけでなく、生活スタイルにまで影響をおよぼす重要な事柄も含まれている。かつては異端説の排斥や決定に従わない者を破門にするなど、厳しい処分も下されてきた歴史がある。しかし、19世紀に勃発した普仏戦争（１８７０〜71年）のあおりを受けて中断。１９５８年に教皇に就任したヨハネ23世が「第２バチカン公議会」を新たに招集するまで、長く開かれてこなかった。

１９６５年12月まで４会期に分けて開かれた第２バチカン公議会は、現在のカトリック教会を方向づけたともいわれている。１９５０年代までのカトリック教会は、近代主義に反するような姿勢を維持してきたが、第２バチカン公議会以降、社会に対する門戸を開き、柔軟な体制に変化していく。この第2バチカン公議会が認めた方針のひとつに、火葬による葬送がある。火葬は「復活」や「魂の不滅」などの教義に、必ずしも違反しないと容認したのだ。火葬前の葬儀ミサ開催や遺灰散布の禁止などといった条件は今でも残っているが、火葬はカトリックのなかでも着実に増加している。

こうした背景があるため、「東京大司教区でも火葬が増えているだろう」と想像はしていた。実際に白数氏に聞くと、筆者の予想以上に火葬が普及している現状がわかった。白数氏は

1990年代から東京教区の霊園担当を担ってきたが、信徒を土葬で葬送したケースは「片手で数えられる程度」と話す。

白数氏はインタビュー中、余計な話をまったくしない人物だった。シワのない緑のフリースと、手にしていた丁寧に削られ、短くなるまで使い込まれた鉛筆が几帳面な性格を表しているようだ。こちらの質問に対しても必要最低限の言葉で答えるだけで、雑談には発展しない。聖堂内が静かなことも重なり、会話の間にできる沈黙が異様に長く感じた。

「東京大司教区は府中市とあきるの市にある2つの霊園を管理しています。戦前の1928年に造成されたカトリック府中墓地は土葬許可を得ているため、土葬区画もあります。ですが、68年に作られたカトリック五日市霊園（あきるの市）は原則火葬で、土葬はできません。霊園の担当になって約25年です。外国籍のシスターや日本人司教など、教会関係者の土葬は記憶にありますが、一般の信者の方の土葬を受け付けたことはほとんどありません」

そう話すと、白数氏は事前に用意してくれていた霊園の資料を手渡してくれた。そして銀縁メガネをかけた白数氏は、筆者を見つめたまま何も言葉を発しなくなった。このままではインタビューが終わってしまうと感じたので、「では、その記憶にある信者の方はどんな方でしたか？」と質問した。

すると、白数氏は無言で立ち上がり、事務所の奥の戸棚で何かを探し始めた。静寂のなか数分待つと、白い厚紙でできた小さなカードを持ってきてくれた。白数氏の記憶に残っていた、土葬をした信者の埋葬記録カードだった。

「1994年に配偶者の女性が亡くなられて、この男性は2012年に亡くなられました。私の記憶では、土葬した信者はこの方々だけです。土葬の場合、火葬に比べて墓の敷地が広くないとできないと思います。この方は購入されていた土地が十分あったので、ご夫婦で土葬されました」

白数氏とのインタビューを終え、教会の正門近くにあるスペース・セントポールに立ち寄った。キリスト教関連の書物やロザリオなどが売られている場所で、聖堂内とは異なり、談笑してもいいような雰囲気に満ちていた。店内にいたカトリック信徒に話しかけ、「教会の仲間に土葬した人はいないか」とたずねてみたが、知らないという答ばかりだった。

後述するが、関東近郊にあるムスリムが埋葬されている墓地を訪れた際、同じ敷地内にキリスト教徒の土葬墓地をいくつも見つけた。日本のキリスト教徒でも土葬を望んでいる人がいることは確かだ。第1章に登場した大分県のトラピスト修道院も土葬をしているが、同系列の修道院では火葬に移行した場所もある。修道女が高齢化し、穴を掘る体力がなくなったことが、土葬から火葬へ移行した主な理由だった。土葬を望むキリスト教徒は確かにいるものの、その数はムスリムに比べても少なく、また減少傾向にあるといえそうだ。

ユダヤ教徒の事情

東京都大田区のJR大森駅中央改札を出て、駅前の坂を10分ほど登った閑静な住宅街に、ユダ

ラビのビンヨミン・Y・エデリー氏

ヤ教超正統派が活動の拠点にしている事務所がある。入り口の前にはユダヤ教の儀式で使われる、ロウソク台をかたどったロゴマークが大きく飾られていた。この場所を紹介してくれた日本人男性が玄関のドアを開けると、「ウェールカーム！」という大声が建物の中から聞こえた。明るい声に誘われるように中に入ると、豊かなあごひげをたくわえ、黒い帽子に黒ずくめの衣服を着た男性が握手を求めてきた。それが、取材を快諾してくれたラビ（ユダヤ教の聖職者）のビンヨミン・Y・エデリー氏だった。

1977年8月にイスラエルで生まれたエデリー氏は99年12月、妻とともに来日。活動拠点となる「ハバッドハウス・オブ・ジャパン」を設立した。米ニューヨークから日本へ移住した後、エデリー氏は住居を失いホームレス状態になった時期もあった。しかし、ユダヤ教の仲間に支えられながら生活を立て直し、今では東京だけでなく、京都府や岐阜県にも活動の拠点がある。10人の子供をもうけ、2013年には日本の永住権を取得。ユダヤ教徒が食べてもいいとされている教義に則った食品、「コーシャフード」の認定機関であるコーシャジャパン株式会社を設立し、日本の食べ物をコーシャ認定して世界に広める活動もしている。

日本に在住するユダヤ教徒の人数は、はっきりしない。ただ、エデリー氏が会報を送付している世帯数は約600だという。エデリー氏の宗派以外の教徒も含めれば、おそらく2000人程度だろうか。

信者数が極端に少ない日本では、ひとつの宗教としてひとくくりにされがちだが、ユダヤ教といっても宗派によって伝統や文化に対する価値観はさまざまだ。イスラエルでも改革派を中心に、火葬を望む信者が出現している。エデリー氏がラビを務める宗派は、ユダヤ教のなかでも最も厳格に戒律と伝統を守るとされる超正統派のハバッド・ルバビッチ派。「超」という頭文字がつくだけあり、日本でもユダヤの伝統を忠実に守る生活を続けている。

食生活はもちろん、子供たちも日本の学校ではなく、オンラインでイスラエルの学校に通っている。安息日には旅行などせず、車にも乗らず、ガスコンロの火を使うこともしない。また、改革派とは異なり、ユダヤでない人間にはユダヤ以外の生きる道があると考えるため、原則的に他人へ改宗を勧めることもない。よって日本では布教ではなく、慈善事業やユダヤコミュニティの環境支援を主な活動としている。

当然ながら、葬儀に関する考え方も厳格だ。原則土葬で、死亡後の解剖もエンバーミング（遺体の保存処理）も禁じられている。エデリー氏はこう言う。

「われわれの教えでは、死後なるべく早い段階でイスラエルの土地に埋葬されるのが究極の理想です。ですが、さまざまな条件から世界各地に埋葬された信者がいます。日本で亡くなった外国籍のユダヤ教徒たちのなかには、生前の希望に沿って母国に遺体を送る場合が多くあります。イスラエル、アメリカ、オーストラリアへ、日本から信者の遺体を送った経験があります。日本での葬儀を希望し、神戸や横浜の外国人墓地に埋葬された方もいます」

エデリー氏は、日本で亡くなったユダヤ教徒の葬儀を、ラビとして執り行った経験が何度もあるという。しかし現在のところ、新たにユダヤ教徒用の墓地を建設する具体的な計画はないと話す。

「もし日本にユダヤ教徒も土葬できる墓地が増えれば、それはとてもいいことでしょう。ですが、同時に日本の皆さんと問題を起こしたくないという気持ちがあります。平和的な解決策を一緒に見つけられるといいですね」

これまでの経験から、イスラエルの大地へ遺体を埋葬する手続きを熟知しているからなのかもしれない。立派なひげを小さく揺らしながら笑顔で話すエデリー氏に、大分県で出会ったムスリムたちのような焦燥感はなかった。

なぜ火葬が嫌なのか

シャリーアと呼ばれるイスラム法体系は、預言者ムハンマドが受けた啓示の書であるクルアーン、そして、ムハンマドの生前の言行を収録した聖典ハディースを2大法源として位置付ける。しかしムハンマドの没後、イスラム教が拡大するとともに、実社会で生じた問題に対してクルアーンやハディースから導き出したイスラム法学者の法解釈「イジュマー」と、法学者による類推「キヤース」という新たな法源が生まれた。2大法源であるクルアーンとハディースに記載されていない事柄に関しては、イジュマーやキヤースに従う。このイジュマーとキヤースは、宗派で解釈の細部が異なるが、大切な法源として重要視されていることに変わりはない。

シャリーアには、日常生活や経済活動まで、広範囲にわたって社会の理想像が詳細に説かれていて、ムスリムたちの価値観を形成する源泉になっている。しかし、もともとムスリム社会では火葬が想定されていないせいなのか、クルアーンとハディースには、「火葬は禁止する」といった形で、はっきりとした記載があるわけではない。「復活の日には、あなた方は完全に報われるでしょう。誰でも（地獄の）火から遠ざけられ、楽園に入れられた人は真に成功を収めたのです」（クルアーン第3章185節）など、地獄の炎を連想させる内容は何度も登場するが、明確に「火葬は禁止する」と説いた節はない。

一方、死後に来る「復活の日」に関しては、クルアーンで繰り返し強調されている。またハディースには、預言者ムハンマドは「埋葬された」と書かれている。こうした前提を元にしているため、イジュマーやキヤースでは、理想的な埋葬方法や、埋葬が禁止されている時間、また故人の家族に哀悼の意を表する適切なタイミングや、遺体の清め方に至るまで、細かく定められている。火葬はこれら法体系の中で示された教えから逸脱するため、忌避感を示すムスリムが多いのだ。

以上が、「ムスリムが土葬を強く望む理由」の、宗教的な概略説明になる。ムスリムでない筆者にとって、この論理を理解するまでには相当な時間を要した。モスクを取材した際に出会ったムスリムに「土葬を望む前提となる教義を教えてほしい」と聞いても、必ずしも論理的な答が返ってくるわけではなかったからだ。「彼は熱心で真面目なムスリムとの定評がある人物だから」と狙いを決めて、土葬に関する質問をしても、「ムスリムだから土葬は当然」とだけ返され、肩透かしを食うこともたびたびあった。筆者があまりに土葬のことばかりを聞いて歩くので、あるムスリムからは、「イスラムの教えは葬儀だけではありません。それまでの行いが大切なのです。災害で遺体が見つからない場合もありますよね。土葬できなかったからというだけで、天国に行けないわけではないのですよ」と、やんわり注意を受けたことすらあった。

筆者にイスラム法体系を丁寧に噛み砕いて説明してくれたのは、千葉市にあるNPO法人千葉イスラーム文化センター理事長の、杉本恭一郎氏だった。大学3年生だった1996年春にバングラデシュ出身の友人と出会い、イスラム教に触れた経験をきっかけに、ムスリムとなった人物だ。マレーシア国際イスラム大学教育学研究科へ留学した経験もある杉本氏は、イスラム教を日本語でわかりやすく伝えることをモットーに、日本各地で講演活動などをしている。

千葉イスラーム文化センターが入居するビルは、2階と3階が西千葉モスクになっている。JR西千葉駅のプラットホームからも、西千葉モスクのビルが見える。徒歩圏内に千葉大学のキャンパスがあるため、駅前には留学生が行き交っている。なかにはムスリムとわかる服を着た学生もいる。

西千葉モスクに到着すると早速、きれいに整えられたあごひげを生やした杉本氏が、ブレザー姿で迎えてくれた。机の上にはクルアーンが置かれていた。自己紹介を簡単にすませ、「ムスリムの皆さんが火葬を嫌がることはわかったのですが、一方で土葬を望む教義的な理由が、いまいち理解できないのです」と正直に切り出した。杉本氏は微笑みながら、丁寧に解説をしてくれた。イスラム法体系に関する前述の概略説明は、このときに杉本氏から教わった内容をベースに、筆者が要約したものだ。杉本氏の丁寧な話しぶりからは、その紳士的な人柄が伝わってきた。

「ムスリムの家庭で生まれ育った人は、習慣としてイスラム教を体現しているので、教義を細かく言語化できない方もいます。『イスラム教はどんな宗教ですか』と聞かれたら、『アッラーのほかに神はなく、ムハンマドはアッラーの使徒であると信じる宗教です』と、私は答えています。聖典を暗記・暗誦するだけがすべてではないということですね」

杉本氏はそんなふうに、筆者へイスラム教の何たるかを解説してくれた。

すべての日本人が、身近にある神道や仏教を根本的な教義から理解しているわけではないように、ムスリムたちも、誰しもがイスラム法体系を熟知しているわけではない。自分が生まれ育っ

ＮＰＯ法人千葉イスラーム文化センターの杉本恭一郎理事長

た家庭の習慣として自然に身についた価値観であったり、親族の立ち振る舞いを手本にして学んだ人生観だったり、啓示や聖典の文言だけから吸収したのではない、ムスリムとしての生き方がある。そのため、信仰の告白や断食、１日５回の礼拝を欠かさず、かつ惜しむことなく金品や労力を喜捨する献身的なムスリムであっても、教義を正確に言語化できない人もいて、それは何ら不思議ではないということだ。

西千葉モスクは、千葉大学に留学していた学生を中心にして１９９４年につくられたイスラム教の勉強会が前身だ。金曜礼拝ができる場所を確保することが当初の目的だったが、借りていたスペースの契約更新をするたびに抱える不安や悩みを解消するため、２０１５年に現在のビルを購入し、リフォームを経て現在に至っている。日本に定住した卒業生も多く、イスラム・

コミュニティーは着実に広がっているが、まだ西千葉モスクとしての土葬墓地は所有していない。

杉本氏にインタビューしたのは金曜日で、彼に生活相談などにくるムスリムもいた。インタビュー中に相談に訪れたムスリムと、杉本氏は長く話し込むこともあった。相談が落ち着き、部屋に返ってくるたびに、中座したことを謝罪しながら杉本氏は苦笑いして言った。

「日本に住むムスリムは、さまざまな悩みを抱えています。特に外国籍の方は言語の壁もあり、行政の手続きなど、日常生活をする上で支援が必要な場合もあります。土葬墓地の問題も重要なことだと認識はしているのですが、なかなか最優先事項にできないというのが実情です。後回しにしているつもりはまったくないのですが、どうしても目の前の問題や、イスラム教を正しく理解してもらうための活動に追われ、時間がなくなってしまいがちです」

マスジド大塚のクレイシ氏

関東周辺に住むムスリムの墓地事情を筆者が詳しく知ることができた背景には、クレイシ・ハールーン氏による協力がある。東京都豊島区にある、マスジド大塚の事務局長だ（「マスジド」とはモスクと同じ「礼拝堂」の意）。1991年にパキスタンからの留学生として来日したクレイシ氏は、拓殖大学を卒業し、今では貿易会社を経営している。現在の建物が99年に完成するまでは、同区内のビルの一室にある礼拝所を活動拠点としていた。筆者が訪れたのは、金曜礼拝と週末のイベントに向けた準備が重なり、多忙を極めている日だったが、クレイシ氏はマスジド大塚で快く取材に応じてくれた。

特徴的なあごひげは、ほかのムスリムと共通しているが、長身で足が長いクレイシ氏は、遠くから見てもはっきりとわかる、モデルのような体型の持ち主だ。彫りの深い端正な顔立ちで、いつも清潔感あふれるビジネス・スタイルの服を着ている。インタビューした日も、アイロンのかかった白いワイシャツとベージュのジャケットに紺色のスラックスを合わせ、ビシッと決まっていた。いつも取材を快諾してくれるクレイシ氏だが、実は土葬墓地問題に関しては、あまり軽率な発言はしたくないという思いがある。かつて栃木県足利市で計画していた墓地建設計画が、住民の反対によって頓挫した経験があるからだ。クレイシ氏は言う。

「別府ムスリム協会のカーン代表は私の友人でもあります。ですが、計画段階から積極的にメディアに情報発信する彼とは、少し異なる考えを持っています。もちろん取材する記者さんは、事実を伝えて社会をよくしたいという善意があると思います。ですが、確定していない情報が流れれば、イスラム教をよく思わない人たちを下手に刺激してしまう恐れもあるのではないでしょうか。レベルの違いはありますが、差別はどの国にもあります。日本人はほとんどがいい人です。しかし、一部の反対者の意見が大きく取り上げられることで、何も感じていない大部分の日本人にまで、イスラムフォビア（イスラム嫌悪）が広がってほしくないのです」

土葬墓地の確保は、マスジド大塚が完成した当初から懸案事項にあがっていた。当時はまだ日本ムスリム協会が管理する山梨県甲州市の文殊院イスラーム霊園しか、遺体の受け入れ先がなかったという。クレイシ氏は続ける。

「足利市にはマスジド大塚から派生した支部がありました。そのつながりで、足利市板倉町の山中に土地を見つけました。もともと土葬が行われていた土地で、かつ近隣住民からは了承を得ることができたので、最適な土地だと判断しました。しかし、計画が明るみになると、計画予定地のそばには住んでいない市民から反対の声が上がり、結果的に計画は頓挫してしまいました」

クレイシ氏から聞く足利市での動きは、時と場所が違うだけで、別府ムスリム協会が直面した問題と酷似していた。もちろん、反対する住民の感情はそれぞれ違うため、簡単に比較はできない。しかし、クレイシ氏が大々的な報道を望まない感情は十分理解できた。足利市での計画が頓挫したころから信者が利用し始めた墓地が、山梨県の墓地とは別に2カ所あるが、本音を言えば、そちらもあまり大々的に報道はしてほしくないのだという。

無理を承知でさらに頼み込んだ。クレイシ氏の目を、下からのぞき込むように訴える筆者の顔を見て断れなかったのだろう。少々困った表情をしながら、最終的には「わかりました」と、霊園の連絡先を教えてくれた。まず紹介してくれたのは、埼玉県本庄市にある、本庄児玉聖地霊園だった。

本庄児玉聖地霊園

関越自動車道の寄居インターチェンジを降り、車を10分程度走らせると、早川壮丞《そうすけ》氏が管理人を務める本庄児玉聖地霊園に到着する。敷地の周りには太陽光発電パネルが設置されていて、小さな丘全体が墓地になっているようなところだ。駐車場のすぐそばにあるプレハブ事務所のドアを開けると、白髪で角刈りの早川氏が応対してくれた。ここでは、葬儀依頼の受付から、墓石の発注と切断、重機を使った穴掘りまで、早川氏が1人でこなしている。取材した日は、ちょうど正面玄関に飾る新しい看板を作成している途中だった。早川氏の事務室の隣には、ムスリム用に祈祷部屋が用意されている。

「イスラム教徒の皆さんがお祈りできるように、まずは場所だけ用意したんです。彼らも喜んでくれて、このカーペットを手配してくれたんですよ」

早川氏はそう、うれしそうに話した。

東京都心から約2時間程度で来ることのできるこの霊園は、2019年6月からムスリムの遺体を受け入れ始めた。一番初めに埋葬されたムスリムは、マスジド大塚のクレイシ氏が紹介したガーナの男性だった。記録台帳を見せてもらうと、国際化している日本の様子が感じられた。埋葬された人たちの国籍欄には、さまざまな国の名前が書かれていた。ブラジル、バングラデシュ、イラン、パキスタン、インド、南アフリカ、スリランカ、サウジアラビア、中国の新疆ウイグル自治区……。てっきり紹介者はクレイシ氏が大半を占めているとばかり思っていたが、地方自治体からも直接問い合わせが来ていた。外国籍の住民が増え、どの地域も土葬ができる場所を確保するのに困っているのだろう。敷地内を歩くと、ムスリムだけでなく、キリスト教徒の土葬墓地もあった。

早川氏の管理するこの霊園は、墓地の価格が比較的安価なことも特徴だ。山梨県にある日本ムスリム協会が管理する霊園に比べると、最低かかる費用は3分の1程度ですむ。必ずしも豊かな経済状況にない外国籍の住民も利用可能な墓地として、利用者が年々増加している。土葬受け入れ開始から2022年5月までの約3年間で、すでに45人の遺体が埋葬された。

早川氏自身は仏教徒だが、故郷の兵庫県で亡くなった祖母も、埼玉県に嫁いだ姉も、土葬だったという。そんな思い出を語りながら、早川氏は続ける。

「幼くして亡くなった娘さんをここで埋葬した父親がいました。彼は穴に入ったきり、長い間ずっと出てこなかったんですよ。あれを見ているのは、つらかったですねえ。土葬だって火葬だって、大切な人を失った時の悲しみは一緒だと痛感しました。困っている人がいるならば、なるべく利用してもらいたい。土葬を受け入れ始めた当初は、彼らの境遇に感情移入してしまって、墓石の料金などをついついサービスしてしまいました。初めのうちは依頼が入ってすぐに墓を用意していたんですが、あるとき後払いを約束したのに、後日連絡が途絶えてしまった人がいたんです。まさに『見上げたもんだよ、屋根屋のフンドシ』ですよ。大した人もいるもんだと勉強になりましたねえ。それから、うちでは『いつもニコニコ現金払い』をモットーにやっております」

料金未払いの苦い経験でさえ、冗談を交えて笑い飛ばす豪快さを早川氏は持ち合わせている。しかし、墓地経営を軌道に乗せるまでの道のりは簡単なものではなかった。早川氏がこの墓地に関わり始めたのは、1992年のことだった。当時の状況をこう語る。

「もともと、この土地は産業廃棄物処分の許可と墓地の許可がダブルブッキングしていて、複雑な事情を抱えていました。当時はまだ産業廃棄物が敷地内に山のように積まれていて、墓地開設どころではありませんでした。地元の政治家から声をかけられ、『ここをなんとか宝の山に変えよう』と、石材店など関係者らと協力して事業を始めました。土葬の許可を取得している理由は、日本人向けの霊園として開業した1995年に、役所の担当者から『一緒に土葬の許可も取れますが、どうしますか?』と聞かれ、『それならばお願いします』と答えただけであって、先見の明でもなんでもなく、単なる偶然ですよ」

一度は無事に開業を迎えたが、一緒に事業を始めた会社や、墓地許可申請に当たって名義を借りた近隣の寺を交えた法廷闘争を抱えるなど不幸に見舞われ、綱渡り状態の経営がしばらく続いてしまう。早川氏の経営する会社以外の怪しい集団が無断で墓地に出入りする時期もあったが、今ではほとんどの問題が解決、安定的な経営ができているとして、こう話す。

「私は台湾から仏像を輸入する仕事をしていた時期があります。自分が海外にいたときはたくさん現地の方に助けてもらいました。日本に住む外国人の助けになるならば、体が続く限り経営し続けたいですね」

早川氏の説明でもわかる通り、本庄児玉聖地霊園では土葬受け入れに当たって、住民説明会は開かれていない。そもそも産業廃棄物の山が問題になっていて、早川氏が行政の悩みを解決したという側面もあるからなのか、住民との軋轢はまったくなかったという。近年は「墓じまい」をする日本人も多く、まだまだ土地は十分ある。しばらくは、ムスリムの遺体がこの霊園で埋葬されるだろう。

しかし、早川氏は自分の子供たちに墓地経営を継がせる意思は今のところないという。失礼と思いながら、「早川さんの後は、どなたが墓地を管理されるのですか」と聞いてみた。早川氏は一瞬遠くを見つめたが、すぐに筆者の顔を見つめ直し、笑顔でこう話した。

「私のいるうちは、この価格でやりますが、その後はどうなるか。誰か心ある方が引き継いでくれるでしょう」

ムスリムの埋葬

早川氏に取材した数日後、クレイシ氏から連絡が入った。

「茨城県でムスリムの埋葬があるのですが、立ち合われますか?」

筆者にとっては、願ってもない機会だった。葬儀は定期的に開催されるものではないので、なかなか土葬の現場は取材できない。マスジド大塚のムスリムたちと車で向かった先は、茨城県常総市にある谷和原《やわら》御廟霊園だった。東京からの距離は埼玉県本庄市よりもさらに近く、マスジド大塚からは車で約1時間程度しか離れていない。

本庄児玉聖地霊園と同様に、この谷和原御廟霊園も、もともと日本人用の霊園があった敷地に

谷和原御廟霊園の土葬区域

土葬用の区画を整備したものだ。日本人の墓が並ぶ区画と土葬区画の間にはブロック塀があり、文化の違いから生じる些細な問題が起きないよう、配慮されたつくりになっている。ムスリムの土葬墓地が並ぶ区画と反対の方向には、数は少ないが、キリスト教徒の土葬墓地もある。

土葬区画に入ると、チェックの青いシャツを着てゴム長靴を履いた男性が重機を操り、穴を掘っている最中だった。霊園の管理会社で、土葬区画を担当している本村和夫氏だった。本村氏は作業の手を止め、区画内を案内してくれた。ブロック塀側に並んだ小さめの墓を指差しながら、本村氏はこう話し始めた。

「嬰児《えいじ》のお墓は大人よりも小さいんです。だから受け入れ始めた当初は、塀の端に子供用の一列を用意すれば十分だろうと思っていたんです。ですが、途中で足りなくなったので列を増やしました。今ある墓は子供用が128基、大人用が137基です」

　この日、埋葬されたのは、早産で亡くなった女の子の未熟児だった。本村氏と話し込んでいたら、入り口にムスリムらしき女性3人と、付き添いの男性1人が現れた。後でわかったことだが、女性3人のうち1人は日本人で、ムスリムではないが葬儀に列席するため、ムスリムの習慣に則った服装を身につけていた。母親とみられる黒い衣服をまとった若い女性は、白いベビードレスに包まれた赤ちゃんの遺体を大切そうに抱いていた。夫である日本人男性は、仕事の関係でカナダに滞在中で、日本に帰国できなかったのだという。

　バングラデシュ国籍の母親は、帝王切開の傷が癒えないにも関わらず、東京都内の自宅から茨城県まで自分で車を運転してきたという。墓から10メートル離れた地点まで近づくと、女性は付き添いの男性とマスジド大塚の男性2人に赤子を引き渡した。白い布で包まれた遺体が穴の中に入ると、母親は大きな声で何かを確認していた。葬儀の後に、「赤子の頭の位置が間違った方角に向いていないか」と、何度も確かめていたのだと知った。

　本村氏が重機を使って穴を埋めている間、母親はずっと墓のほうを見つめていた。会話もできないほど憔悴し切った面持ちだった。最後に、赤ちゃんの亡くなった日付が書かれた木製の札が墓の上に置かれるのを見届けると、彼女はその場を静かに去っていった。

　これまで何人ものムスリムの葬儀に立ち会ってきた本村氏は、悲しい表情でこう話した。

「亡くなった方の国によってさまざまですが、葬儀前後の祈祷に合計3時間以上もかけた人たちもいらっしゃいました。いつか、この墓地も手狭になるでしょう。土葬墓地を必要としている人たちの気持ちを理解する葬儀社が増えて、場所も増えていけばいいんですがね」

見えてきた墓地をめぐる実態

埼玉県と茨城県の土葬墓地を取材して、気づいた点があった。どちらの墓地も、近隣の仏教寺院の宗教法人名義を借りて墓地開発の許可を得たのち、管理会社が実質的な運営をしているという仕組みだ。調べてみると、日本では原則的に宗教法人や地方公共団体などにしか墓地経営の許可が下りないため、宗教法人の名義を借りた墓地開発は特別なことではなく、むしろ常習化しているという事実がわかった。

別府ムスリム協会は宗教法人として土地を取得して、墓地建設を目指した。しかし、全国各地にある土葬墓地の例を調べてみると、もともと仏教寺院など、ほかの宗教法人が許可をとった場所を利用したケースばかりだった。

墓地の許可をとった法人の名義をさらに調べようと、全国のイスラム教団体へ取材を進めた。厳しい現状のなか、なんとか自分たちが利用できる墓地を確保しようとしたムスリムの知恵と努力を取材したいという思いからだった。しかし、取材は思ったように進まなかった。あるイスラム教団体に電話すると、丁寧な口調の女性が応対してくれた。しかし、取材の意図を伝えると、こう返された。

「申し訳ないのですが、土葬墓地に関する取材は現在受けていません。記者さんとしては、事実を伝えたいという意図があるのかと思いますが、こちらはひっそりと平穏に暮らしていますので。メディアはもう……そっとしておいてほしいんです」

そっとしておいてほしい——。苦しい状況に置かれるムスリムのつらさが凝縮されたような言葉が、胸に突き刺さった。

ムスリムが苦労の末、ようやく土葬できる場所を確保していても、注目を集めることで現状が壊されてしまうのではないか。取材をなるべく避けたい彼らの気持ちが、痛いほど伝わった。

誰の人生にも死は訪れる。しかし、葬儀は一度しかない儀式であるため、政策の最優先事項になりづらい性質がある。一方で、日本は国際化を推進し、外国との関わりをさらに深めようとしている。土葬を必要とする人たちの数が確実に増加していく傾向にあるなか、この問題から目を背け続けてもいいのだろうか。前出の女性が電話口で発した悲壮感あふれる声を思い出すたびに、胸が痛む。もっと多くの国民が現実を知り、広く議論すべきではないのだろうか。

第3章
日本の「伝統」としての土葬

奈良県・十輪寺に残る土葬用の人力霊柩車

土葬を経験した神主

２０２２年６月、山口県下関市のＪＲ下関駅前で筆者は、ある男性の到着を待っていた。どうしても話を聞きたいと探し求め、ようやく見つかった人物だ。インタビュー前夜は期待に胸がふくらみ、よく眠れなかった。

しかし、この男性と直接会うのは初めて。どのような性格の人なのかも、よくわからない。指定された駅前の場所で待っていると、黒いサングラスをかけたやせ型の男性が、こちらに手を振りながらやって来た。黒いスーツに身を包んだこの男性こそが、待ち望んだ取材相手である小山久志氏だった。

１９５１年９月、岡山県哲田町（現・新見市）に生まれた小山氏は、神社の神主を代々務める家庭（社家《しゃけ》）で育った。現在は、幕末の長州藩士・高杉晋作らによる発議で創建された櫻山《さくらやま》神社（山口県下関市）で権禰宜《ごんねぎ》を務めている。能や神楽で使われる面を彫る「能面士」としても活躍する多才な小山氏は、今では全国でも数少ない、神道式の土葬を経験した神主でもある。東京から飛行機と高速バスを乗り継ぎ、半日かけて筆者が下関市まで足を運んだのは、その貴重な土葬体験を、小山氏から詳しく聞くためだった。

きれいな真っ白いワイシャツと整った口ひげが、小山氏の礼儀正しい性格を感じさせるようだった。しかし、お互いにあいさつを交わした際、小山氏が少し硬い表情をしていたのが気になった。

小山氏には事前に取材の趣旨を伝えていたので、すぐに喫茶店など座って会話ができる場所へ移動し、具体的なインタビューが始まるのだろうと、疑いもなくそう考えていた。しかし、実際は異なる展開となった。筆者を乗せた自家用車のハンドルを握った小山氏は、こう切り出したのだ。

「東京からわざわざお越しくださったので、まずは下関市をご案内いたしましょう」

ある意味で、肩透かしを食らった気分だった。しかし後々、小山氏とのやり取りから、インタビューを始めるまでに時間がかかった本当の理由がわかった。

小山氏にとって、土葬の経験は生命に対する考えと密接に関係している。彼にとって、土葬とは非常に意義深く、神聖なものなのだ。だからこそ、素性をよく知らない相手に、いきなり語れるものではなかった。インタビュー前の下関案内は、筆者の性格を見極めるのと同時に、小山氏自身が気持ちを整理する時間でもあったのだ。

火葬は「日本の文化」か

筆者が、神主である小山氏への取材を待ち望んでいたのには理由がある。大分県日出町のイスラム土葬墓地問題を取材するなかでしばしば出くわした、「火葬こそが日本の文化である」といった価値観に、大きな違和感を抱いていたからだ。

日出町での取材中、筆者は「昔はここでも土葬をしていた」という言葉を何度も聞いた。しかし、それと同時に「土葬は日本の文化にそぐわない」といった類の意見も、多々耳にした。特にそうした「土葬批判」は、日出町の問題を伝えるニュースに寄せられた、インターネット上のコメントに顕著に見られるものだった。それはいわば、「火葬＝日本の伝統文化」という前提で語られる主張だった。

確かに現在の日本では、99％以上の遺体が火葬されている。しかし、つい数十年前まで日本各地に土葬文化が残っていた事実を考えれば、「日本の伝統である火葬文化をムスリムが破壊しようとしている」などといった論には、根本的な勘違いや偏見があるのではないかと思った。

そうした疑問が芽生えて以降、筆者は日本にかつて存在していた土葬文化に興味を持ち、葬送の歴史に関する勉強を重ねた。過去の文献を調査し始めてすぐに知ったのは、日本国憲法で象徴と定められている天皇は、江戸時代前期から代々、土葬で弔われてきたという事実だった。

２０１３年11月、宮内庁は上皇・上皇后両陛下（当時は天皇・皇后）の意向を踏まえて実施した、火葬による皇族の葬儀のあり方についての検討結果を発表した。その資料には「皇室においては土葬、火葬のどちらも行われてきた歴史がある」と明記されている。

現在の奈良県で藤原京を完成させた飛鳥時代の持統天皇は、日本で初めて火葬された天皇とされる。しかし、17世紀中期以降、昭和天皇までは、一貫して天皇は土葬で弔われてきた。こうした事実をみれば、日本古来の文化にはもともと、それぞれの時代に合わせて火葬と土葬が併存してきた多様な側面があったといえるだろう。であれば、日本固有の宗教である神道の神主に土葬に関しての取材ができれば、「日本文化にとっての土葬の意義」や、「ほぼ火葬だけになった現代の日本の葬送文化をどう思うか」といった問いへの答を聞けるだろうと、筆者は思った。安易な土葬批判に対する、理性的な反論も聞けるはずだ。

そう思い立ち、筆者は土葬経験のある神主を探し始めた。しかし、それは想像以上に難航した。そもそも現代の日本では仏教式の葬儀が一般的で、神道式の葬儀「神葬祭」は数少ない。ましてや自身で土葬を執り行った経験のある神主となると、神社関係者にたずねても「聞いたことがない」といった返事ばかりだった。さらに近年では神葬祭でも火葬化が進んでいて、土葬についての実体験を語れる神主はなかなか見つからなかった。しかし複数の知人を介して、ようやくたどり着いたのが小山氏だった。

白骨化した父との再会

小山氏との下関観光は、2時間近く続いた。かつて小山氏が神主として勤めていた住吉神社や、日清戦争の講和条約・下関条約が調印された料亭・春帆楼《しゅんぱんろう》などを、ゆっくりと回った。土葬とはまったく関係ない雑談を交えながら冗談を言い合えるほど関係が落ち着いてきたころ、小山氏は意を決したように、こう口にした。

「それではそろそろ、どこかでゆっくりお話しましょうか」

下関市内のファミリーレストランで自身の土葬の経験を語り始めた小山氏の表情には、観光中に見せていた笑顔はなかった。

「私は、実の父親を土葬で葬っています」

小山氏はそう切り出すと、およそ30年前に体験した土葬のことを語り始めた。

当時小山氏は38歳。すでに下関市の住吉神社に勤めていた。父の訃報が届いたとき、迷いもなく喪主として、土葬の儀式をしなければならないと思った。小山氏の故郷には土葬の風習がまだ残っていて、火葬で父を葬るという考えは思い浮かばなかった。先祖代々伝わってきた土葬の儀式は理解しているし、神葬祭に参列して、自然と作法も身につけていた。しかし、実の親を葬送するのは初めてだった。

小山氏によると、土葬による神葬祭の手順に、全国統一の方式はない。式次第をまとめた手引き書は複数存在するが、各地域に伝わった風習によって、細かい違いがあるという。小山氏の地元では、大きな味噌樽のような形をした棺桶に遺体を納めると、まず親族が中心となり、ある儀式を執り行うという。それについて、小山氏は次のように語る。

「自宅の庭で弔問客に見守られながら、棺桶を担いでまず7回、右回りにクルクル回ります。それが終わったら、今度は反転して5回まわる。最後にまた反転して、時計回りで3回まわる。つまり『七五三』です。この意味がわからんのですが、岡山にはそういう風習があったんです。他県の人に聞いても、この『七五三回り』の意味はわかりません。しかし七五三とは神道で、おめでたい意味があります。亡骸に対して『ようやったね』という気持ち。喜びで葬ろうという意味合いがあるのではないかと想像しています」

　儀式を終えて墓地まで棺桶を担いで行き、近所の住民が事前に掘ってくれていた穴に桶を納める。穴の深さは桶の高さギリギリ。その後、土を桶の上にてんこ盛りにして土まんじゅう状態にしたら、その上に大きな石を置く。そして、その手前に5寸角の墓標を突き刺す。ここまでが、亡くなった遺体を埋葬するまでの流れ。しかし、喪主である小山氏にはこのあと、さらに重要な儀式が残っていた。以下のように続ける。

「そこからが大変でした。亡くなった日から数えて8年、とある日を選んで、満月の夜中にもう一度墓を掘り返すんです。喪主の私がたったひとりで。満月の夜に墓に行ってですよ」

　小山氏がそう語る「満月の夜の儀式」の内容を聞き、筆者は驚きを隠せなかった。小山氏が語ったような、いったん埋葬した死者の遺骨を掘り返し、再度別の場所へ葬る文化は、岡山県以外の地域にも伝わっていた事例がある。たとえば沖縄県の離島・粟国島《あぐにじま》では最近まで、いったん風葬や土葬にした遺体を一定期間過ぎた後に取り出し、海水や酒で骨を洗って再度葬る「洗骨」と呼ばれる文化が残っていた。この洗骨文化は、沖縄県出身のお笑い芸人、ガレッジセール・ゴリこと照屋年之氏が監督し、奥田瑛二主演で『洗骨』（2018年）という映画になったことでも知られている。

　いったん埋葬した父親と満月の夜に再会するという儀式は、通夜や告別式よりも強く記憶に残っているようで、小山氏の口調は次第に熱を帯びてきた。

「8年経つと土が下がります。そのときに掘る場所を探す目印になるのが、土まんじゅうの上に置いた大きな石です。まずはお墓の前で『今日、今宵をよき日と選び、掘り起こし、納めたまう』と唱える。その後、作業着に着替えてスコップで掘りました。しばらく掘ると、父親の遺体に着せた正絹の白衣が出てきました。腐ってなかったんです。びっくりしました。正絹の白衣は、何度引っ張ってもちぎれんのです。そうこうしているうちに、骨が引っかかって土から出てきました」

ここまで真顔で話していた小山氏だったが、白骨姿になった父親と「再会」した思い出を語り出すと、その頬がゆるみ始めた。

「開き直ってますから、怖さはないですよ。気持ちはね、なんていうのかな。『ああ、よかった。会えてよかった、お父ちゃん』みたいな感じですね」

杉製の棺桶はすべて腐敗して形がなくなっていたが、正絹の白衣だけでなく、遺体に持たせていた、神主が神事で使う笏《しゃく》も残っていたという。

「その笏は真っ黒になっていますが、今でも持ってますよ」

そう話すと、小山氏は笑顔を浮かべた。同時に当時の気持ちがよみがえってきたのか、次第に目に光るものがたまっていくのもわかった。しかし、筆者は興味を抑えきれず、「『お父ちゃん』と口に出たときは、『感謝の気持ち』が湧いてきたのでしょうか」と聞いてしまった。小山氏は、こう返してくれた。

土葬の経験がある神主・小山久志氏

「それは感謝というよりも、思い出ばっかりですね。それしか思いつかん。土の中からさ、遺骨、骨が出てくる。それを手に持つっていうのはね、人のつながりというか、親子のつながりというか、そういうものを感じさせるわけです。親父と対話するというか、『きたぞー』とか、『ちょっと出てもらうよ』とか、ひとりでブツブツ言っていました。月夜のお墓だから、誰も聞くもんはいないけどね。火葬場で見る遺骨はボロボロ。でも、土葬の場合は骨がしっかりしてる。8年たっても、がっちり。もう、石ですよ。手の形が残っていたので、しっかり握手をして、墓から親父を起こすことができた。こうやって」

そう語りながら小山氏は、かつて父親にそうしたように手を差し出し、筆者の右手をがっちりと握った。

月夜の晩に、白骨化した父親と交わした握手。

その部分だけを他人が聞けば、怪談にも聞こえてしまうような壮絶な体験だ。しかし、父親との絆を再確認した忘れられない瞬間だったのだろう。小山氏の口調からは、父に対する敬慕の念と愛情が見てとれた。

「掘り出した骨は用意していた骨壷に入れ、すぐ隣にある先祖代々の墓に納めます。いったん家に帰り、体を清め、白衣に着替えて、日が明けてからまたひとりで墓に戻り、最後の儀式をします。これでようやく一通りですね」

儀式の流れを解説し切った小山氏は、どこか清々しい顔をしていた。インタビューの終盤、「つらい体験のようにも聞こえましたが、土葬をされてよかったですか。ご自身は土葬をされたいですか」と、率直に聞いた。小山氏は即答した。

「(父親を土葬で葬送して)よかったと思いますね。今なお、そう思います。自分がどうしてほしいかなと考えたら、やっぱり自分は燃やさないで、どこかに土葬で埋めてほしいという気持ちがある。でも、わが家には神主の跡を継いでいる子供はおらんし、どうやって土葬にしようかと考えています。火葬って嫌だな。俺やっぱし、熱いの嫌だ。燃えるって自然じゃないよなあ。一挙に火をつけて燃やすんだから。人間はじっくりと、この世から腐っていったほうがいい。じっくりと、この世の果てを見てみたい。死んだ瞬間に息はしなくなるかもしれませんが、魂は生きているんだから」

インタビューが終わり、小山氏を紹介してくれた知人らを交えて、居酒屋で懇親会を開いた。

お酒も入り緊張がほぐれたのか、小山氏はやわらいだ表情で本音を吐露した。

「昔を思い出してきて、本当はつらかったよ。涙が出てきそうだった。でも大切なことだから、正直に話したい気持ちもある。俺はやっぱり土葬がいい。やり方はようわからんなあ。今でもできるんだろうか」

ほかの懇親会の参加者に、土葬の経験はなかった。数時間前の筆者がそうだったように、小山氏の体験談に皆が熱心に耳を傾けていた。

「こうやって親父と握手したんよ」と友人に右手を差し出し、父との絆を感じた瞬間について話す小山氏の姿が印象的だった。

「土葬の会」へ

小山氏のように心のなかで土葬を望んでいても、ほぼ１００％の遺体が火葬される現在の日本では、実際に土葬をする選択肢はなきに等しい。しかし、そんな状況を少しでも変えようと活動している市民団体がいくつかある。代表的なものが、山梨県を拠点にしている「土葬の会」だ。山野井英俊氏という人物が代表を務め、土葬を希望する人々への情報提供などを行いながら、土葬の普及に努めている。この土葬の会では、実際に土葬可能な提携霊園を持っており、埋葬に必要な準備や行政手続きに関するノウハウもあるなど、その活動はかなり実務的だ。２００１年8月の発足からこれまで、すでに約20人の土葬に関わってきた実績がある。

山梨県南アルプス市にある新山梨環状道路の白根インターチェンジを降り、ブドウ畑に囲まれた道路を抜けて、甲府盆地を見下ろす山を10分ほど車で登っていくと、墓地「天空霊園」に到着する。道路脇に、野生の猿を見かけるような自然あふれる場所だ。ここが、土葬の会が提携している霊園である。運営母体は仏教の宗教法人。すでに土葬の会を通じて、5人がこの地に埋葬されている。

筆者がその駐車場で待っていると、予定時刻ぴったりに、土葬の会の山野井代表が軽自動車に乗って現れた。胸のあたりまで伸びた白いあごひげが印象的な山野井氏に、さっそく天空霊園を案内してもらった。霊園を歩きながら、山野井氏はこう語る。

「会員制度を設けてホームページを開設したのが2008年。それから会員数は70人程度を推移しています。会員には高齢者だけではなく、若くして病気を抱えている方などもいます。年齢に関係なく、死ぬことや生きることに向き合っている人が多いと思いますね」

筆者が取材をしたこの日、ちょうど20代の若手会員が天空霊園を見学しに来ていた。新潟県出身の大学生で、「自然界の報道写真家」と呼ばれる宮崎学氏の作品を見て新しい死生観を意識するようになり、土葬に興味を持ったという。土葬が可能な墓地にたどり着き興奮したのか、この大学生は矢継ぎ早に、山野井氏に質問を浴びせていた。

学生「やはり日本では、ここ以外に土葬は無理なのでしょうか」

山野井「いやいや、そんなことはないよ」

学生「じゃあ、やり方はどうすればいいのでしょうか」
山野井「そりゃあ簡単さ。寺や霊園に直接電話して、『土葬させてください』って頼むのさ」
学生「穴の掘り方は？」
山野井「それも簡単だよ。今は重機で掘りゃいいのさ」
学生「じゃあ、なんで皆さん土葬をしないんでしょうか」
そんなやりとりをしながら、学生と歩きながら話していた山野井氏は足を止め、石垣に腰をかけ一息ついた後、再び学生にこう語りかけた。
「今は葬儀屋が全部やるでしょう。昔は集落の人が協力して、穴も手で掘っていたのさ。ようするに、日本に助け合いの文化がなくなったってことだよ。土葬のことを役所に聞いたってダメだよ。『わからない』という返事が来るだけ。難しく考えることはないんだ。君の出身の新潟県なら、土葬できる場所があるんじゃないかな。片っ端から寺に電話したらいい」

UFOと土葬

一通り霊園を見学し終えたので、ゆっくりと話を聞くため、車で約30分離れた山の中にある、山野井氏の自宅へ移動した。ここもまたムササビが生息するような、豊かな自然に囲まれた場所だ。山野井氏はここで、妻と暮らしている。自給自足の生活を目指し、井戸を掘り、裏庭の家庭菜園ではイチゴ、芋、スイカ、ニラ、ウドなどを育てている。

玄関脇にある樹木には、成人男性が見上げるほど高い位置に2つの看板が飾られていた。ひとつは「土葬の会」。その上には「カーショップUFO」と書かれた看板。その木の横には掲示板があり、「境界科学・精神科学・UFO研究の自主共同体」と書かれたパネルも張られていた。

怪しいセンスを強烈に感じたので、率直に「大丈夫かな」との違和感を持った。しかし、「自宅で話を聞かせてほしい」と願ったのはこちらだ。案内されるまま玄関先にあるテーブルに座り、山野井氏の話に耳を傾けた。山野井氏はそれから約2時間かけて、なぜ自分が土葬に興味を持ったのか、土葬の会が目指していることなどを、丁寧に話してくれた。「UFO」と「土葬」という、まったく無関係にも思えるその2つは、山野井氏のなかでは密接につながっていて、かつ、自身の死生観にもつながる、大切なものだったのだ。

1946年4月、山野井氏は北海道余市郡大江村（現・仁木町）の農家で、6人きょうだいの次男として生まれた。人生で初めて火葬に違和感を感じたのは8歳のとき、当時まだ40代前半だった母が短い生涯を閉じた経験からだったという。そのときの思いを、山野井氏はこう話す。

「母は棺桶に入れられ、馬車に揺られながら焼き場へ向かいました。母の棺桶がカマドに入り、ガチャンと鉄の扉が閉まった瞬間の気持ちを、今でもはっきりと覚えています。自分はそこに入りたくない。寺のお堂で待機して焼け具合を見に行ったりするんですが、なぜ遺体を焼くのだろうと疑問でした。そのときから自分は、火葬されるのは嫌だと思っていました」

母親を亡くした山野井氏はその翌年に祖母を、そのまた翌年に伯母を亡くした。幼少期に身近な人の死に連続して直面した山野井氏はそれ以来、「人間は何のために生きるのか」という問いへの答を探し求めるようになった。

山野井氏は高校を卒業して、札幌市の自動車販売業者に就職。一時期、ある新宗教団体に入って活動していたが、探していた答には出会えなかった。そんななか、1970年代に発生したオイルショックを見て山野井氏は、「石油がなくても動く理想の乗り物こそUFOなのだ」と開眼するにいたり、宇宙人関連の書物を読み漁るようになる。妻との新婚旅行では、愛媛県に住むUFO研究家を訪ねた。1984年に独立し、立ち上げた中古車販売会社は、「カーショップUFO」と命名した。

宇宙人に関する研究を続けるうちに、山野井氏はスイスのUFO研究者、ビリー・マイヤー氏の存在を知った。山野井氏はマイヤー氏の書物を読むなかで、ある種の光明を見出したという。あるマイヤー氏の書物のなかに、以下のような趣旨の記述があったからだ。

命をつなぐことは骨格を残すことでもあり、人間の遺体を火葬してはならない。

山野井氏はマイヤー氏と直接対話するため、スイスを訪問。土葬の意義に関する理解も、さらに深めた。幼少期の体験に加え、このマイヤー氏の教えに出会った山野井氏は、こうして「自分が死んだら土葬にする」と決心したのだった。

そんな山野井氏だったが、すぐに土葬の準備を具体的に始めたわけではなかった。1999年春に札幌市から山梨県に拠点を移してからも、中古車販売業とUFO研究を続けながら、忙しい日々を過ごしていた。しかし、ある友人の死をきっかけにして、山野井氏は「土葬の会」を設立する。そのときの事情をこう話す。

「2001年7月に、親しい友人が亡くなりました。一緒にUFO研究をしていた仲間でした。彼もまた生前、土葬を希望していました。しかし、いざ土葬で葬ってあげようと思っても、具体的にどういう手続きをしたらいいのか、当時の私には何もわからなかったんです。結局、彼は火葬されてしまいました。友人の遺志をかなえてあげられなかった。こんな悲しくて残念な思いは二度としたくない。そう思って、彼が亡くなった翌月に土葬の会をつくったんです」

まず山野井氏は、土葬が可能な場所の確保に奔走した。手始めに、山梨県内にある霊園と寺院に片っ端から電話をかけた。新規使用者を募集している霊園の情報をつかめばすぐに連絡し、「土葬を受け入れてくれないか」と交渉した。何カ所も連絡しているうちに、土葬の会初となる提携先、「風の丘霊園」が見つかった。山野井氏が言う。

「当時は『風の丘霊園』ではなく『国際霊園』と呼ばれていて、今とは管理会社も別でした。公式に土葬可能と言ってはいなかったのですが、問い合わせて交渉すると、土葬を受け入れてくれました」

山梨県北部の北杜市にある風の丘霊園は、土葬の会との提携以来、土葬利用者が増え、確保し

土葬の会の山野井英俊会長

た十数人分の土葬区画はすでにいっぱいになった。新規利用者は、もう受け付けていない。山野井氏が続ける。

「風の丘霊園が手狭になってきたころから別の場所が必要になると感じ、山梨県内でほかの霊園を探し始めました。そんなとき、新規利用者を募集している霊園があり、こちらから依頼して承諾してもらったのが、今日ご案内した天空霊園です。ほかに山梨県内の神社とも提携しています。この神社では、これまで1人を土葬で埋葬しました」

土葬の会はホームページを開設したことで、墓地の活用を望む各地の墓地関係者から連絡を受けることが重なり、提携先も今では広島県、京都府、茨城県などに広がっている。この提携先には、ムスリムの遺体を受け入れている霊園も含まれている。土葬墓地確保に困っている、日本に住む外国籍の人たちからも相談を受けるようになった。

これまでに山野井氏が関わった土葬は約20件だが、需要は今後、徐々に増えていくのではないかと感じている。しかし、現実は厳しい。土葬の会の活動は全国的に見れば孤軍奮闘状態で、ほぼ100%の遺体が火葬される日本で土葬を選択できる人は、まだごく一部に限られている。

筆者は山野井氏に、「日本ではなぜ、ここまで火葬が急速に広まったのだと思いますか」とたずねてみた。「UFOと関連付けた回答だったらどうしよう」とも思いながら発した質問だったが、山野井氏から返ってきたのは、実に真っ当で論理的な言葉だった。

「大都市一極集中型のまちづくりが全国で進んだ結果、コミュニティーは廃れた。その結果、コミュニティーの助けを借りて行っていた土葬の風習も廃れていった。それと同時に、便利な火葬場が整備されていった。人は簡単な方法があれば、そっちを選ぶんだよ。これが一番大きいでしょうな。それにしても現代の日本人は刹那的だと思いますね。自然のなかで生きられなくなってしまった。人間本来の姿で生きられないという意味でもありますね。土葬は遺体を粗末に扱っているのではなく、理にかなった葬送なのです。土葬を通じて、一人ひとりの人間が何のために生きているのかを知ってほしい。そのためにも、宗教宗派を問わず土葬できる墓地を、国が作るべきだと思います」

山野井氏が指摘するように、かつての日本には土葬文化のある地域が多く存在していた。遺体が埋められていた土地自体は今でも残っているはずなのに、土葬文化だけは廃れた。この衰退していった日本の土葬文化を知るにつれ、かつて土葬をしていた集落を取材したいという気持ちが、筆者の中ではふくらんでいった。

土葬の寺

奈良市大野町にある十輪寺は、市の中心街から車で30分ほど離れた場所に位置している。この寺では、最近まで土葬による葬送が行われていた。ルポライターの高橋繁行氏が全国をくまなく歩き、日本の土葬文化史についてまとめた著書『土葬の村』(講談社現代新書、2021年)にも登場する寺だ。

日本の伝統的な土葬を取材したいと思い、筆者は十輪寺に取材を申し込んだ。電話で応対してくれた住職の森崎隆弘氏は、「いつでもいらっしゃい」と関西弁で取材を快諾してくれた。ただ森崎住職によると、もう何年も土葬はしていないとのことだった。とはいえ、土葬が行われていた場所の雰囲気だけでも知っておきたい。いったいどんな集落なのか、期待を大きくふくらませて現場に足を運んだ。しかし、結論からまず書くと、そこで筆者が目にしたのは、廃れゆく土葬文化の厳しい現実だった。

集落にある小さな山を登っていった頂上付近にある十輪寺には、火葬と土葬の区画に分かれた墓地がある。土葬の区画は古く、森崎氏が住む母家と本堂の近くにある。本堂よりも低い位置には近年開発された区域があり、そこにきれいに整備された火葬墓地が並んでいる。最近、檀家はほぼ例外なく火葬を選ぶそうで、土葬区画よりも火葬区画のほうが、数段見栄えが整っていた。

約束した時間になったので母家に行くと、玄関前に白い看板が見えた。

「寺用で出かけています。0742×××へ連絡ください。後ほどこちらから電話を入れます。よろしくお願いします」

呼び鈴を押しても応答がないので、カギの開いていた引き戸を開け、声を張り上げて呼びかけてみた。

「ごめんくださーい、記者の鈴木です！」

しかし、反応がない。玄関のまわりを見渡すと、「悪質訪問販売お断り」と書かれたパネルが目に入った。引き出しには何が入っているのか一目でわかるように、「鉛筆」「はさみ」「ホッチキス」「霊園の名簿」と、大きく印字されたシールが張られていた。以前、別の取材で訪問した、高齢者の単身世帯に似ていた。もう一度呼びかけようかと迷ったとき、奥の引き戸が開いた。80歳になる、作務衣姿の森崎氏だった。

「どちらさんですかな」

「土葬の取材をお願いした鈴木です」

「ああ、約束は今日でしたかな。はいはい。それじゃあ、こちらへ座ってください」

森崎氏に差し出された椅子に筆者が座ると、彼はこう切り出した。

「10年ほど前までは土葬がありました。檀家の男性で、土葬を遺言で希望していた方がいて、その方が最後ですね。いつだったかな。10年くらい前と違うかな」

それでは最後の土葬について詳しくお聞かせください、と質問したが、森崎氏は筆者のその質問とは直接関係のない話を続けた。

「今は、葬式は葬儀会館と業者がするでしょう。昔は亡くなった人を村のみんなが手づくりで葬式の準備をして、村のみんなで送ったのです。でも今はどうですか？　お別れをしているという感覚はあるけど、みんなで亡くなった人を心を込めて送るというのは、今はないんとちゃうかなあ」

合間に質問を挟もうとしたが、何度試みても森崎氏とはたまにしか話がかみ合わない感触だった。彼は筆者の質問に答えるというよりも、鮮明に記憶している土葬の思い出を語っているように見えた。

「足をケガして。歩くのもつらい」と森崎氏が何度も口にしたので、「足はいつごろケガされたのですか？」と聞いた。返ってきた答を聞き、「もしかしたら耳が遠いのかもしれない」という筆者の疑いは、確信に変わった。

「檀家の数は、この村で240。地区外に30。まあ大雑把にいえば､合わせて300くらいですな」

しかし、こう自信満々に答える森崎氏の表情に何とも親しみを感じてしまい、いちいち勘違いを指摘せず、その場の空気感に合わせてインタビューを続けることにした。また、森崎氏は筆者の細かい質問は理解していなくても、「土葬の文化を知りたい」という取材の意図は、理解してくれているようだった。

「ここが土葬の区域ですね。あそこにいったん棺を埋めます。そして何年か経ったら掘り起こします。そして出てきた遺骨は骨小屋と呼ぶ、ここへ入れて燃やします。今はほとんど火葬ですからね、空っぽです。だから、ここにあるいくつかの墓は『参り墓』といって、参拝用に作った石塔墓で、骨は下に埋まっていないんです」

森崎氏は日傘を杖代わりにして筆者を墓地に案内し、そんな説明もしてくれた。また、最後に使ったのは十数年前という、土葬の用具が保管されている倉庫も案内してくれた。久しぶりに開けるというドアを開くと、桐ダンスのような木材の匂いが鼻をついた。びっしりと積み上げられていた用具のなかから、比較的軽い提灯などを森崎氏が筆者に見せようとしてくれた。しかし、足の状態が悪いためひとりでは用具を持てず、倉庫から外に出す作業は筆者が担った。ホコリがかかった用具を見つめながら、森崎氏はこうつぶやいた。

「ほとんど使ってないけど、もし誰かが土葬をしてくれと言ったら、これを使わなきゃいかんなあ」

最後に使用したとみられる喪主の名前が、用具には書かれていた。数分前に森崎氏に教えてもらった、「最後の土葬をした家」とは違う家名が書かれていたのが気になった。しかし、彼に何度聞き直しても、用具には書かれていない家名を繰り返すので、小さな矛盾を指摘するのはやめた。記憶があいまいになるほど、最後の土葬から時間が経過しているのだと理解した。

長い間使っていないという用具だが、森崎氏は今でも使い方を覚えているのだろうか。母家に

奈良県・十輪寺の土葬区域を案内する森崎隆弘住職

戻って「用具の使い方を教えてください」と聞くと、森崎氏は「あれは墓へご遺体を送るときに使うのです」と紙を取り出し、記憶だけを頼りにスラスラと何かを書き始め、言った。

「まずは村の長老が鐘をコーンコーンとたたきながら先頭を歩く。その次、小学生くらいの子供が『四つ餅』を担いで歩きます。これは仏さんへのお供えです。その次は提灯、旗が両脇につきます。その後は霊柩車からつながっているひもを引く女性がいます。その次は、補佐役の伴僧や脇導師が並び、そして導師が最後に続きます。導師の後には霊柩車が並び、その後方に位牌持ちと男性の見送り人が続くのです。最後には旗と提灯を持つ人が列を囲むように並びます。ほかにも紙花や鶴亀などを持つ人もいます。それは大層ですよ。30人はいるかなあ」

懐かしそうに話す森崎氏だったが、話の途中で記憶違いに気づいたのか、書き直しが何度か入った。「昔に作った資料がパソコンのどこかに記録されているはずだが」と言って席を立ち、探してくれたが、結局は見つけられなかった。

住職以外にも、土葬の作法に詳しい地域の長老などがいれば紹介してほしいと頼んだが、「紹介できる人は思い当たらない」との返答だった。残念そうな筆者の表情を読み取ったのか、森崎氏はこう付け加えた。

「自治会の人もうーんと若くなっちゃったから、土葬のことは知らんじゃろうなあ。存命の長老も、体調を崩してたりするからなあ。それに今は自治会じゃなくて、葬儀屋さんが葬式をしてるから。昔は葬儀といえば、村の長老が仕切ってたんじゃがなあ」

こうした森崎氏の話を聞く限り、昔ながらの土葬が現代に復活する可能性は、限りなくゼロに近いだろうと筆者は思った。十輪寺の檀家が今後土葬を望んだとしても、儀式を昔通りにできるかどうか。

筆者はインタビュー中、何度か頭によぎった質問を森崎氏にした。すでに何度かこの質問をしたが答がなかったので、今度は耳元まで近づき、大きな声を出してはっきり聞いた。

「森崎住職ご自身は、土葬を希望されますか？」

すると、これまでの会話ではなかった素早さで返事がきた。

「そらあ土葬ですわ。燃やされたら嫌ですわ」

森崎氏の後継住職は決まっていない。「いったい誰が葬儀を仕切れるのか」という疑問が浮かんできたが、森崎氏が答を持ち合わせている問いではないとわかったので、質問はやめた。

「住職が土葬をすると聞いたら、村の人は手伝ってくれますわ」

そう満面の笑みを見せて言う森崎氏は、長年付き合ってきた檀家を信頼しきっているようだった。

森崎氏と別れた後、十輪寺のすぐ近くに住む檀家の女性から話を聞くことができた。この女性は、自身も土葬の葬儀に参列したことがあると語っていた。十輪寺の檀家なので土葬という選択肢もあるが、約10年前に亡くなった夫は火葬を選んだという。「土葬はいろいろ大変ですしねえ」と笑顔を見せながら、女性は筆者にお茶を出し、こう言った。

「住職もお年やから、土葬するっていうても自分の足で歩けんでしょう。衛生的な問題もあるやろうし、土葬はもう、やらないんと違うかなあ」

森崎氏に教えてもらった「遺骨を掘り返す習慣」が、この集落にもあったことを知っているかと聞いてみた。女性は「そんなん聞いたこともない」と、少し驚いた表情を見せた。森崎氏のはっきりとした口ぶりから判断して、筆者にウソをついていたとは到底思えない。おそらく、亡くなってから葬儀を経て、遺骨を処理するまでの土葬に関する一連の詳細な流れは、それほどごく一部の人にしか伝わっていなかったということだろう。

十輪寺周辺で土葬が少なくなっていった経緯を聞いて、「伝統」と「合理化」という、2つの言葉が頭に浮かんだ。地域の住民全員で送る「大層な葬儀」は、死者を丁重に弔う側面があった一方で、人々にとって大変労力のかかる仕事であったろうことは間違いない。十輪寺に現存している木造の霊柩車も、かつては神輿の形をしていたという。昔は住民が棺を担いで運んでいたが、重くて長時間担ぐのがつらいという声があり、戦前に手押し車式に作り替えた経緯がある。つまり、土葬が残っていたころから、労力をなるべく簡素化したいという合理化の考えと、伝統を大切に思う心情は、常にせめぎ合っていたのだろう。そして、火葬場などが急速に整備されていくにつれ、人々は便利さを選んでいったのだ。

かつて土葬が存在した集落で、筆者はなんとか森崎氏から昔の習慣について話を聞くことができた。火葬大国になる前の日本を知る上で、貴重な情報を得ることもできた。しかし、風前の灯といった状態にある土葬文化が消えゆく様を目の前で目撃したようでもあり、何とも後味の悪い取材だった。

第４章
土葬に必要な手続きとお金

重機で土葬用の墓穴を掘る谷和原御廟霊園の本村和夫氏

土葬の手続き

２０２２年9月17日、山梨県山梨市の霊園で神葬祭が執り行われ、ある日本人女性が土葬された。同県を拠点に活動する「土葬の会」と提携する神道霊園に埋葬されたこの女性は、生前から土葬を明確に希望していた。生前の意向に従い、弁護士が葬儀全般に関わる下準備を手配し、東京都内の病院で亡くなった後すぐ、遺体は山梨県まで運ばれ埋葬されたという。土葬の会のホームページには、この会員が逝去したことを知らせる短いニュースとともに、葬儀の写真がひっそりと掲載されていた。土葬墓の前で、装束姿の神主が儀式を執り行っている。墓の背後には石製の鳥居が見える。小規模だが、友人らに見守られながら、神道式で厳かに弔われた様子が伝わってくる。

土葬の会の山野井英俊会長は、会が発足した２００1年8月から20人以上の土葬に関わってきた。信じる宗教・宗派は問わず、土葬を望む人に手を差し伸べてきた。しかし、前述の女性のように、土葬の意思をかなえられる会員が着実に増えている一方で、思うように準備を進められない会員もいると、山野井氏は言う。

「会員でも、『自分が亡くなったときに火葬されてしまうのでは』と心配している人はいます。子供にまだ土葬の意向を打ち明けられていないとか、配偶者が理解してくれないとか。また中には、『親に内緒で会員になっているので、郵便物を送られると困る』という方もいます。私は、『いずれ伝えないとご自身が困りますよ』と言っているのですが……」

土葬の会とつながりを持っていたことで、遺志が伝えられたケースもある。山野井氏が続ける。
「病に冒されてから土葬の会に入会し、墓を確保する手続きをしている最中に亡くなった方がいました。遺志を伝えていた妹さんが土葬の会の書類を見て、連絡をくれました。でも親御さんは、最後まで土葬に反対していました。彼らにとってみれば、土葬は考えもつかないものだったのでしょう。また、単身世帯の会員もいます。故人の遺志に反して火葬されないようにするためには、どうすればいいのか。これは今でも課題として残っています」

山野井氏が指摘するように、日本で土葬を望む場合、生前からの準備、あるいは意思の表明は極めて重要になる。しかし、ほぼ100％の遺体が火葬される現在の日本で、生前から「自分の葬式は絶対に土葬で行いたい」と決心している人は、非常にまれだ。ムスリムや土葬の会の会員のように、特別な背景や事情がない限り、そもそも土葬の選択肢がある事実すら知らない人が大半といえるだろう。

火葬の場合、まずは遺体を焼いて、遺骨を家で保管している間に墓を探すという手順も取れる。しかし、土葬の場合はそうはいかない。原則として、生前から土葬できる墓を確実に用意しておかねばならず、特別な保全処理を施さない限り、遺体を保存できる期間も限られている。過去にはムスリムと結婚した日本人妻がこうした下準備をしていなかったため、夫を火葬せざるをえなくなってしまったケースもある。つまり、生前から明確に「私は土葬がいい」という決意をして、その準備もしておかなければ、今の日本では自動的に火葬されてしまう可能性が高いのだ。

ところで筆者は土葬の問題を取材しているなかで、土葬に関心を持つ人々から「(土葬をするには)具体的にどんな準備をしていればいいのでしょうか」と、いわば逆取材を受けることがたびたびあった。「遺族や身の回りの人に、生前から土葬の意思を伝えることが重要です」とはわかっていた。しかし、「どこに問い合わせればいいのか」「葬儀社はどう動くのか」「費用は」「法的な問題点は」などの具体的な問いに関して、筆者は答を持ち合わせていなかった。

「日本で土葬をするには、実際にどんな準備をすればいいのか」

この、簡単に聞こえる割に明確なものが見えてこない問いに対して、筆者が納得できる回答にたどり着くまでには、予想以上の時間と労力を要した。まず、日本全国で共通する標準的な答を見出すために、ある前提条件を設けた。第3章に登場した奈良県の十輪寺や、神主の小山久志氏らが話してくれた過去のケースでは、集落の住民が中心となり土葬を執り行っていて、葬儀業者は埋葬にほとんど関わっていなかった。しかし、日本の現状を見れば、地域住民の力だけで葬儀を行えるほどの強い結束力が残る集落は、消滅の危機に瀕している。相当な山間部の葬儀でも、葬儀社の斎場を利用するのが一般的となった令和の日本では、業者がまったく関わらない葬儀は非現実的とさえいえる。言葉を変えれば、小山氏が約30年前に経験した伝統的な葬儀を今まったく同じ形で執り行うのは、極めて困難ということだ。そのため、これ以降の文章は「日本で葬儀をするならば、関連業者による一定の関与が必須」という前提で書かせてもらう。

本庄児玉聖地霊園の管理人・早川壮丞氏

土葬の手間とやり方

土葬に必要な具体的な手続きを学ぶために筆者があらためて連絡をしたのは、第2章に登場した本庄児玉聖地霊園（埼玉県本庄市）の管理人・早川壮丞氏だった。この霊園では、火葬も土葬も行うことができる。ならば、土葬の手続きがどのようなものかも知っているはずだ。突然の頼みだったのにもかかわらず、早川氏は快くこう答えてくれた。

「まず人が病院で亡くなると、医師が死亡診断書を発行してくれます。だいたい死亡診断書と死亡届は対になっていて、次にその死亡届を役所の担当窓口へ提出します。ここまでは火葬と同じですね。土葬の場合は、ここで『土葬の許可をください』と窓口に伝えるんです。すると、大抵は『どこで埋葬するんですか』と聞かれるので、埋葬予定の場所を伝えます。うちに埋葬する場合は、『本庄児玉聖地霊園です』と答える形ですね。すると、役所から確認の電話が私に入ります。そして私が『はい、確かに土葬を受けております』と回答して、霊園に関する資料を送ると、役所が許可を出す。まあ、ざっとこんな流れです」

本庄児玉聖地霊園は2019年に土葬の受け入れを始め、それから3年間で、ムスリムを中心に50人近くの土葬を行ってきた。早川氏は、流れるように説明を続けた。

「自治体によっては、埋葬許可が存在しないところもあります。富山県には、そんな自治体がありました。そのときは、霊園からほかの場所で発行された書類などを役所に送り、特例として独自のものを発行してくれました」

早川氏と話していると、意外と簡単に誰でも土葬はできるような気もしてきた。しかし、この説明はあくまでも、本庄児玉聖地霊園での土葬を事前に決めていた場合の手順だろう。関東在住でなければ、埼玉県の同霊園まで遺体を搬送するのにも一苦労あるはずだ。葬儀から納骨までに、ある程度の時間を取れる火葬に比べると、土葬はやはり、事前に周到な準備をしていなければ難しいのではないか。これまで筆者は、土葬できる場所を必死に悩みながら探している人たちを取材し続けてきただけに、早川氏の流れるような説明には、逆に違和感を覚える部分もあった。それを率直に伝えると、早川氏はさらに説明を続けてくれた。

「手間とやり方さえ知っていれば、そんなに難しいということはないと思いますよ。しかし、亡くなってから当霊園に連絡をくださる方もいますが、ご遺体のことを考えると、確かに事前に準備しておいたほうがいいかもしれませんね。以前、関西方面で亡くなられた方が国際会議開催に伴う交通規制の関係で、事前に埋葬を想定していた墓地に入れず、急ぎ当霊園まで運ばれてきたことがありました。亡くなられてから20日ほど経っていましたので、ご遺体も傷んでいました。京都方面から母親の遺体を搬送してきた方もいましたが、このときはエンバーミング（遺体の保存処置）をしていて、50日ほどたっていたでしょうか。霊園同士が連絡を取り合っているわけではないですから、全国の詳しい事情はよくわかりませんが、土葬の許可を得ている霊園も意外とあるような気がしますけどね」

早川氏が指摘するように、死亡直後に運よく土葬可能な霊園を発見できる可能性もあるだろう。しかし、埋葬できる場所を事前に確保しておくのが重要であることに、変わりはなさそうだ。

火葬の場合は、死亡届の提出から火葬・埋葬許可書の取得まで、葬儀業者が代行してくれるケースがある。しかし、本庄児玉聖地霊園での土葬は基本的に、死亡届を提出し、遺体を霊園に運ぶまでの手続きは、遺族の責任で行うことになっている。また、「できれば専門業者に頼みたい」という人も多いのではないか。早川氏はこの筆者の問いに関しても、迷うことなく答をくれた。

「専門業者はありますよ。この前、東京都内にある、そうした葬儀社の方から連絡がありました。会社の名前は確か……」

早速筆者は、早川氏から教えてもらったその葬儀社・燈台舎《とうだいしゃ》へ取材を申し込んだ。

少ない土葬希望者

東京都立川市には1977年まで、在日米軍基地が存在していた。今でも国営昭和記念公園の近くには、ここがかつて「基地の街」であったことを思わせる街並みがある。早川氏から紹介してもらった葬儀社・燈台舎は、同市内でも特に米軍基地の雰囲気が色濃く残っている、上砂町の一角にある。通称「立川アメリカ村」とも呼ばれるこの一帯に入ると、英語の道路標識や広い芝生などが増え、基地時代を連想させる景観が広がっていた。燈台舎がオフィスを構える白壁の平家建ても、かつて米軍の将校が使っていたものだ。

松木修平氏が代表取締役を務める燈台舎は、散骨と在日外国人の葬儀に特化した葬儀社だ。これまで対応した顧客の出身国数は、なんと30カ国以上。国際化する日本の事情を、葬儀社の立場から目の当たりにしてきたといえる存在だ。土葬だけでなく、外国人の遺体を本国へ国際搬送する事業も行っており、エンバーミングの実績もある。新型コロナウイルスの蔓延以降は、遺体に感染症対策を施し、故人と遺族が安全な形で最後に対面できる技術を提供する事業も展開している。短髪で礼儀正しい松木氏は、遺体安置室の横にあるアメリカ風の応対室で、土葬事業を始めるまでの経緯を丁寧に教えてくれた。

「20歳だった22年前、多摩地区の警察案件を専門にする葬儀社で、私は働き始めました。そこで葬儀の基本を学んだ後、地元密着型の葬儀社と霊柩車業界で経験を積みました。霊柩車の業界にいるとき、外国籍の方の葬儀に触れる機会があり、『これからは外国の方の葬儀も重要になるだ

燈台舎代表取締役の松木修平氏

ろう』と感じました。すべての在日外国人に対応するために、イスラム教の戒律に則った葬送方法についても勉強しました。ムスリムの方の遺体を本国へ搬送する際、ある大使館からマスジド大塚のクレイシ・ハールーン氏を紹介してもらいました。それからムスリムの皆さんから直接ご連絡をいただくようになり、日本で土葬を希望される方の役所への手続き、病院へのお迎え、モスクや土葬場所への搬送などをお手伝いしています。現在では、事業の半分が海洋散骨。残り半分が、外国籍の皆さんの葬儀に関わる業務になっています。以前は日本で亡くなった外国籍の方を母国へ搬送する事業が中心でしたが、日本での埋葬を希望する方々の人数は年々増えていると感じています。2022年だけでも20人弱の葬儀に関わりましたが、7割程度が日本での土葬になりました」

しかし、土葬案件の中心はムスリムである外国籍住民であり、燈台舎もまだ日本人の土葬に関わった経験はないという。松木氏が続ける。

「興味本位での問い合わせはありましたが、わが社の仕事として、実際に日本人の方を土葬したことはまだありません。そもそも日本人の多くは、最初から『今の日本で土葬はできない』と思い込んでいるので、そこまで考えがいかないのではないでしょうか。社会が変わり、葬式のあり方や死に対する価値観も変わってきています。従来通りの葬儀にこだわるのではなく、土葬したい人は土葬して、散骨を希望する人は散骨する。そんなふうに、もっと自由になっていいと思いますが、土葬に関していえば、具体的な情報が圧倒的に少ない状態だと思います。土葬の場合、準備は早めのほうがいいと思います。ご遺体も保管方法を間違えると、季節によっては腐敗が早く進んでしまう恐れがあります。生前に、埋葬場所や搬送方法まで手はずを整えられれば一番いいですね」

燈台舎への取材で、埋葬場所の確保や遺体の搬送方法など、事前に手はずを整えていれば、特定の宗教団体に属していない一般的な日本人でも、土葬は十分可能ということはわかった。しかし、松木氏に会って直接聞きたかった質問はまだ残っている。気になるのは費用だ。「それでは……」と筆者は意を決し、答えづらいであろう質問を松木氏に投げた。

「一般的な日本人が土葬をする場合の費用について、ご意見をお聞かせください」

基準のない料金

筆者がなぜ土葬の値段を聞くことに細心の注意を払ったのか。その理由には、葬儀業界の慣習をはじめとする、いくつかの複雑な要因がからみ合っている。誤解を恐れずに表現するならば、一時代前の葬儀業界には、関係者の胸先三寸で料金が左右されるような文化が残されていた。明確な価格を前もって提示しない、「時価」と同じような仕組みと表現していいかもしれない。

さらに墓地運営の仕組みとして、墓地や霊園の新設・拡張を行う許可を受けられる経営主体は、地方公共団体や宗教法人などに限られていることも、料金体系の複雑化に深く関係している。典型的な例としては、どこかの宗教法人の名義を借りて、営利企業が墓地の販売収益を目的とした事業を展開するというケースだ。このような共同経営契約で行われている霊園では、宗教法人側へのマージン設定の問題などもあり、必ずしも墓地を経営する企業の意向だけで、すべての料金を決められない場合もある。

高度経済成長期にはこうした特殊な事情を逆手に取った業者が、高価な墓石や豪華な祭壇を売り、法外な利益を上げていたこともあった。しかし、高齢者でも簡単にインターネットで価格比較などを行えるようになった現在、葬儀業界の競争は激しさを増しており、明朗会計をうたう葬儀社が急増中だ。葬儀に莫大な金をかける遺族も少なくなり、火葬に関していえば、寺院への布施など一概に料金が決まっていないものもあるが、「遺体の運搬」「荼毘《だび》（火葬）」「祭壇や献花を含む儀式」「墓石」といった各種サービスなどに関する料金は、明確化が進んでいる。10万円以下の、非常に安価な「パッケージ商品」も登場。遺体を火葬するだけ（直葬）であれば、公営の火葬場を利用して、無料に近い料金で行えるケースもある。しかし、これらの明朗な料金設定は、あくまでも競争が激しい「火葬」の場合である。圧倒的に数が少ない土葬は状況が異なり、地域や霊園によって、料金はさまざまだ。

土葬の全国平均的な費用がよくわからない背景には、このような葬儀業界の事情に加えて、現在の日本で土葬を望む人の大半が、ムスリムであるという事実ともつながっている。外国籍のムスリムには、さまざまな経済的な状況に置かれた人たちがいるため、土葬に関わる一部の業者は、利用者の経済状況に合わせた価格を設定しているのだ。

埼玉県の本庄児玉聖地霊園では、穴掘り代金を含めて30万円以下で、ムスリムの遺体を受け入れている。しかし、この価格に墓石代と葬儀社への手間賃は含まれていない。現在はどの土葬霊園の関係者も、異国で困っている人たちを助けたいという気持ちを抱いており、「善意の価格設定」がされている。しかし、仮に今後、しっかりとした経済基盤がある日本人の土葬希望者が増えた場合、相場が変わる可能性もあるだろう。

もちろん、費用が明確に提示されている霊園もある。代表的なのは、日本ムスリム協会が管理・運営しているイスラーム霊園（山梨県甲州市塩山）と、静岡市清水区にある清水霊園イスラーム墓地だ。

日本ムスリム協会の霊園の利用条件に関しては、その規約が公式ホームページで公開されている。それによると、同協会の会員であることが利用の条件であり、会費の納入期間によって料金が分かれている。会員年数が2年未満の成人の場合は、90万円。しかし、これには埋葬に関わる人件費や機械のリース代といった諸経費が含まれていないため、追加の実費はかかるだろう。

清水霊園イスラーム墓地も、公式ホームページに料金が明確に提示されている。一番安い墓石タイプでは、総額89万5000円。生前購入者に対しては、分割払いのプランも用意されている。

しかし、この2つの場所はあくまでもイスラム霊園であるため、ムスリムであることが利用の前提となる。東京都府中市の多磨霊園など、土葬区画が残る公営墓地もあるが、当該行政区の住民であることが条件に設定されている場合が多い。特定の宗教に属していない一般的な日本人が土葬するには、自身の信仰にあった宗教法人の墓地を見つけるか、宗教不問の民間霊園に埋葬するしか、現実的な選択肢はないだろう。

これまでの取材で得たこうした情報を伝えた上で、筆者は松木氏に土葬の費用に関して意見を聞いた。松木氏は苦笑いを浮かべながらも、丁寧に返答してくれた。

「日本における葬儀の相場と、外国での葬儀に対する価値観が合っていない場合があるので、『遺体を埋めるだけなのに、なぜそんなに費用がかかるのか』とおっしゃる方もいます。また、なるべく早く遺体を埋葬せよという教えがあるため、ムスリムの皆さんはドライアイスなど、遺体安置に関連する細かい付帯品が必要ありません。埋葬前に、大がかりな宗教的儀式が行われるということもありません。お金をかける部分がそもそも少ないのです。実際、ムスリムの方と親族がご結婚され、イスラム教式の葬儀に参列したときに、その質素さに驚いていた日本人の方もいました。日本人の感覚だと、何の儀式も経ないでそのまま埋葬というのは、少し抵抗があるのではないでしょうか。お線香をあげたり、お花をたむけたりしたいという気持ちがあるのだと思います。何かしら儀式的なものを求める場合は、その分の料金はさらにかかるでしょう。日本人の多くは、土葬に関する情報にまったく触れたことがないので、皆さんどういう料金設定だか想像もつかないのではないでしょうか。仮にムスリムの皆さんのように簡素な形にするならば、葬儀社としては、遺体搬送の部分だけしかお金がかかりません。弊社の場合は、関東近郊ならば、死亡届提出や埋葬許可取得など、手続きの代行や病院からの搬送などすべて込みで15万円程度です。通常よりもサポートに時間がかかった場合は、それに人件費が加算される形になります。これでもギリギリの料金設定ですが、利益だけを優先せず、弔いのお手伝いができればと思っています」

利用者の経済状況に合わせて、もうけ度外視で設定している料金を打ち明けてくれた松木氏に、筆者は一番聞きたかった質問をストレートにぶつけた。

「土葬は火葬よりも高いと思いますか?」

筆者と一瞬目を合わせた松木氏は、柔和な笑みを浮かべたまま、はっきりとした口調でこう答えた。

「それは墓石の値段によるところが大きいのではないでしょうか。火葬の場合でも、ご遺体を荼毘するのが安くても、お墓を買うとなると高くつく場合があります。土葬のほうが、はるかに安いと言える面もあると思います」

２０１７年に日本消費者協会が発表した「葬儀に関するアンケート調査報告書」によると、葬儀費用の全国平均額は１９５・７万円。この数値は、通夜での飲食接待費、寺院へのお布施、葬儀一式費用の合算である。それぞれの項目の平均金額は、飲食接待費が30・６万円、寺院へのお布施が47・３万円、葬儀一式費用が１２１・４万円。近年では、通夜や告別式も行わず火葬場に直送し、遺骨も納骨堂に納めるだけで墓を持たないという選択も可能であり、実態は平均値よりもさらに安価な葬儀を選択している人が多いだろう。しかし、一般的な火葬で墓石を用意した場合には、前述した山梨県と静岡県にあるイスラム土葬墓地で求められる金額と同程度となる、１００万円前後は必要と言って差し支えないのではないか。

「高価な墓石を使わなければ、土葬はそんなに高くない」という趣旨の発言は、土葬の会の山野井氏からも聞いた。会員が埋葬を希望する霊園によって値段は異なるが、安価にすませようとするならば、穴掘りや諸経費を入れて１００万円以下でも埋葬は十分可能と話す。全国各地で土葬の提携先を探してきた山野井氏は、ざっくばらんにこう話す。

「なんでもそうですが、一度に大量購入すれば単価は安くなりますよね。墓地も同じですよ。例えば、ある団体が墓地内で大きな区画をいっぺんに購入する。そこからは利益を考えずに信者向けに安価で売っていくという管理も可能でしょう。土葬の会でも霊園を持てればいいですけど、それはできませんから。そうすると、場所によって区画の値段は違いますし、永代供養料や石の価格も条件によって変わります。一概に金額は設定できないですよ。土葬の会としては、会員は増えていますが、今のところ埋葬するのは年間2人程度です。だから、金額については大きな問題にはなっていないですね。でも、これが仮に年間10人以上の土葬希望者が出てくるとなったら、場所も限られていますし、価格面の課題も出てくるかもしれませんね。場所については、ヨーロッパ諸国のように穴を深く掘って、ひとつの区画に数人の遺体を埋める方法を採用すれば、物理的には対応できるかもしれません。でも、価格については民間だけでできることは限られています。やっぱり地方自治体が責任を持って、土葬もできる墓地を作るべきだと思いますよ」

日本国内に住むムスリムが増加していることに起因して、確かに土葬ができる霊園の数は増えつつある。関東周辺では、水面下で建設計画が進んでいて、住民との合意もほぼ取り付けている場所もあるとも聞いた。とはいえ、火葬に比べると土葬は、まだまだ情報が圧倒的に不足していて、葬儀に必要な金額や形式の選択肢も充実していない。すでに多くの選択肢があり、資金さえ用意すれば簡単に生前準備ができる火葬とは違い、土葬を受け入れる霊園も葬儀社もまだ少ないため、日本で土葬を選択するのは、なかなか容易ではないと言えそうだ。

火葬普及の背景

第3章で言及した通り、実は昔の日本では、火葬や土葬など複数の葬送方式が混在していた。しかし、第2次世界大戦後、こうした葬儀の慣習は急変した。これほどまでに火葬が普及したのはなぜなのだろうか。火葬の歴史を丹念に調べていくと、葬送の選択肢が減っていった背景にある事情が見えてきた。

日本における火葬の歴史について、NPO法人日本環境斎苑協会が刊行した『火葬概論』には次のように記されている。

遣唐使に随行して653年に入唐した後、三蔵法師の弟子となり、帰国後、社会事業家として尽くした高僧の道昭が、遺言で弟子により700年に大和の粟原（桜井市郊外）で火葬に付された。これをもって火葬の始原だと「続日本紀」に記載されていることが、昔から多くの人々により信じられてきた。

しかし、道昭よりも早い600年前後には、すでに火葬が行われていたことを示す火葬遺跡（大阪府堺市陶器千塚古墳群）が、1956年（昭和31年）に考古学者の森浩一教授（同志社大学）により発掘され、火葬の始原は100年ほど遡ることとなった。

7世紀前後まで歴史をさかのぼれる日本の火葬だが、国民の半数近くにまで浸透するようになるのは20世紀になってからだ。普及を大きく後押しした初めての契機は、明治時代に起きた感染症・コレラの大流行だった。日本各地で多くの死者が出る事態を重くみた政府は1897年、伝染病予防法を制定。これによって、コレラなど伝染病に罹患した死者の遺体は火葬しなければならないと義務づけられた。同法の施行がきっかけとなり、全国各地で火葬場の改修や新設が推進され、同年に29・2％だった火葬率は、１９４２年には57％まで急上昇した。第２次世界大戦下、一時30％程度にまで落ち込むが、戦後すぐに増加傾向に戻り、50年までに54％にまで回復する。

しかし、国民の９割以上にまで本格的に火葬を普及させた真の立役者は、伝染病予防法ではない。戦後、火葬をさらに普及させる社会的な動きがあったのだ。まず１９５２年、国の資金を充当する特別地方債という低利の融資制度が、「火葬場の建設財源」に対して適用される。これは火葬場の整備を、「国として推進すべき事業」と認定したに等しい。

この制度によって火葬場の新設や増改築が一段と進んだ同時期、日本は高度経済成長期を迎える。自治体の財政負担能力が増大し、火葬場が整備されていった一方で、地方から都市へ移動する若者が増え、地域の支え合いで作業されてきた土葬は衰退の一途をたどった。このころの急速な火葬の増加を見れば、高度経済成長との深い関係性は明白だ。

国民の火葬率は、１９５５年に57・４％だったものが、５年後の60年には63・１％にまで急増。その後、65年に71・８％、70年に79・２％、75年に85・７％と上昇を続け、79年には90・１％に達する。火葬率が９割を超えてからは、さすがに上昇率はゆるやかになった。しかし、じわじわと上昇は続き、ついに２００４年に99・８％となる。

地方債による融資制度ができ、国の後押しが始まってから、約50年間で国民のほぼ全員が火葬を選ぶ国になったこととなる。明治時代の伝染予防法から数えても１０７年。この１世紀で、江戸時代までは広く浸透していた土葬文化は、日本から一気に姿を消したのだ。

戦後の都市計画に組み入れられた後に火葬が急増したということは、言葉を変えれば、高度経済発展・生活合理化の名のもとに、土葬が消えていったことを意味する。それだけ政策が正確に社会で実現されたという面では、日本として誇るべき成果でもある。しかし、うがった見方をするならば、故意ではなかったにしろ、結果的に日本政府の政策は、火葬以外の選択肢を国民から奪ったともいえる。

明治時代に恐れられ、多いときでは全国で10万人以上の死者を出したコレラは、上下水道の整備が進んだ現代の日本ではほぼ絶滅状態にある。まさに経済発展の恩恵だ。新しい憲法を旗印にして経済発展を果たした戦後の日本では、信教の自由が保障されている。だからこそ、経済発展と国際化に比例するように、ムスリムをはじめ、さまざまな信仰を持つ人々の数が増加したのだろう。火葬が急速に広まった背景に、政府による方針があったのだから、今の時代に合わせた多様な葬送方法を選べる社会を築くのも、また現代の日本政府が負うべき責務といえるのではないだろうか。

多様化する死の迎え方

古代から人類は、肉親などの遺体をさまざまな方法で葬ってきた。原始時代から現代まで、実に多種多様な葬送方法が存在している。遺体を海洋や河川に投げ入れ、魚類に食べさせたり微生物分解などで自然に還元する「水葬」や、遺体を山中に運んで解体し、ハゲワシなどに食べさせ弔う「鳥葬」。また北欧のバイキングが行っていた葬送方法で有名な、遺体を船ごと焼いたり埋めたりして葬る「船葬」など、現代の日本人からは想像しがたい形式もある。しかし、どの葬送方式にも共通点がある。それは、葬儀は故人や死に対して人間が抱く感情を反映しているという点だ。言うなれば、葬儀は今を生きる人間の死生観を映し出している鏡でもあるのだ。かつて日本でも広く普及していた土葬は、共同体の結びつきが強い集落が、それだけ残っていた事実を映し出してもいたのだろう。

敗戦、高度経済成長、そしてバブル崩壊を経て、日本社会では墓に寄せる考え方も大きく変容した。少子高齢社会となり、墓を守る家族がいなくなるケースも多発。「墓じまい」という言葉が生まれた。死の迎え方も多様化し、終活やエンディングノートという言葉もよく聞くようになった。葬送の方法も同じく多様化し、墓石のいらない現代風の葬儀として、納骨堂や樹木葬などがマスコミで紹介されることも多い。しかし、制度上の問題点が多い土葬は依然、葬送の選択肢として確固たる地位を築けていない。

燈台舎の松木氏への取材を通じて、葬儀の形は社会のあり方によって変容しているという事実にあらためて気付かされた。燈台舎の収益の約半数を占める海洋散骨も、数十年前には一般的ではなかった葬送方式だ。散骨の需要は、今後も増えていくだろう。ならば、土葬に対する評価が今後変わってくる可能性も残されているのではないか。そう筆者が問うと、松木氏は諭すような笑みを浮かべて、こう話した。

「根本的な問題は、今の日本では死生観が薄れていることだと感じます。金銭面ばかりを重要視するあまり、後になって『あのとき、もっと丁寧に弔っていればよかった』と、長く後悔されている方もいました。もちろん、葬儀社が法外な費用を請求することは許されません。ですが、葬儀は機を逃したら二度と弔いができないという、一生に一度の行事でもあります。お金のことばかりを説明するだけで、葬儀が持つ本来の意味を葬儀社がきちんと説明できていないのではないでしょうか。できれば、もっと死を真剣に見つめるような社会になってほしいですね。実際、現場に立ち会うまでは私も気づかなかったのですが、故人をより身近に感じる独特のよさが、土葬にはあります。今の時代だからこそ、土葬を希望する方が増える可能性はあると思います。ですが、土地が限られているのが大きな課題ですね」

死生観という言葉が松木氏の口から発せられたとき、土葬の会の山野井氏から聞いたこんな言葉が、ふと頭によぎった。

「私から言わせたら、日本の宗教団体自体に問題があるんです。人間の死を扱ってきたんだったら、土葬を残すべきだった。人の生き方を教えるのではなくて、『金もうけのためになった』と批判されてもしょうがない団体もあるのではないですか？　私は、自分の信じている教義を布教するために土葬を推進しているわけではないんです。人間にとって大切な土葬を守りたい。そして、土葬を求める人がいるだろうから、窓口になって、できるだけ助けになりたいんです」

死はすべての人間に平等に訪れるものだが、人生で一度しか体験できない。健康体であれば死は遠い存在であり、葬儀の細かい手続きを熟知する必要性もないだろう。普通に暮らすだけでもさまざまな問題を抱えているのだから、自分が死んだ後のことまで考えるヒマはないという気持ちも理解できる。しかし、人間の弔いに真剣に向き合い、自身の死生観を確認することでようやく見出せる大切な価値観もあるのではないか。筆者は土葬を礼賛しているわけではない。しかし、土葬の取材をすればするほど、そんな気持ちが強くなっていった。

土葬墓地をめぐる課題の本質は、制度上の欠陥だけではないように思えてきた。ムスリム移民を今後どう受け入れるかという単純な問題ではなく、もっと大きなテーマを本質的にはらんでいるという気がしてならないのだ。この問題は、「どんな死生観を持った社会を私たちは望むのか」という難題を、現代の日本人に突きつけているのかもしれない。

第５章
それでも反対する人々の心理

2022 年 3 月の日出町議会議員選挙における衛藤清隆陣営の様子

かぼすジュースの味

大分県の日出町議会は、２０２２年に入って3回目となる定例会を、同年9月28日に終えた。27日間におよんだ会期中に、別府ムスリム協会が建設を計画している土葬墓地に関して何かしらの進展があるかもしれないと、筆者は期待していた。しかし、隣接自治体の杵築市から反対の声が上がっていることもあり、同墓地に関する問題は継続審議事項となったまま実質的な議論はされず、決着は先送りとなった。

最終日の本会議が閉会した時間を見計らって、衞藤清隆議員の携帯電話を鳴らした。長期化を覚悟しているためか、それとも単なるあきらめの境地なのか、衞藤氏は達観した口調でこう話した。

「町からは地元住民が直接、別府ムスリム協会と合意書を交わすよう言われています。町長とは話していないけれども、『合意書があれば許可を出す』というような雰囲気を感じています。新しい計画地の墓数は79基です。ですが、イスラム教徒の皆さんは79基が満杯になったら、一番最初に埋葬した区画を掘り直して、新たに遺体を重ねていきたいそうなんです。でも、それだったら十数年経った後、合計何体の遺体が埋葬されるのかわかりませんよね。だから、『一度埋めた区画への再埋葬は、30年経過してからにしてほしい』と要望しています。別府ムスリム協会としては年数の制限はしたくないそうで、そこから議論はまた平行線になっています」

別府ムスリム協会とすれば、法に基づいた手続きを確実にすませたのにも関わらず、住民の不安感情によって計画予定地の変更を余儀なくされ、その結果、墓地の面積は当初よりもだいぶ小さくなってしまった。区画数も減ったのだから、再埋葬の年数にまで制限を設けるのは避けたい。限られた場所により多くの遺体を埋葬できるため、同じ区画を掘り返して別の遺体を上部に埋葬していく土葬方法は諸外国でも行われており、理にかなっているとはいえる。しかし、衞藤氏らが提案した「30年」という年数は科学的な根拠が不明確で、別府ムスリム協会としては受け入れがたい。

そもそも、なぜ30年なのか。この理由に関して衞藤氏に聞いてみると、こんな答が返ってきた。

「昔、十数年たって改葬した土葬墓があったんじゃが、そのときはまだ遺体が完全に土に還っていなくて、腐敗臭がしたんじゃ。だから、まあ30年周期ならば自然に還り、安全じゃろうという年数です」

衞藤氏の口調は自信満々で、筆者は思わず納得しそうになったが、この説明ではムスリム側は譲歩するのに苦労するだろうなとも、同時に思った。別府ムスリム協会の代表であるカーン・ムハマド・タヒル・アバス氏は人情味のある人格者だが、コンピューター工学の研究者であるため、世の中の現象を科学的に理解しようとする理系の性格も持ち合わせている。「なんで30年なんだ」と理解に苦しむカーン代表の表情が、すぐに想像できた。

しかし、「土葬墓地計画は絶対反対！」といった住民感情が、地域に強く渦を巻いていた時期に比べれば、反対派住民たちも彼らなりに「落としどころ」を見つけようと努め、態度を軟化させてきたことも確かだ。地下水脈への影響は今でも科学的には不明だが、新しい予定地は「山の向こう側だから大丈夫だろう」と納得した。

「なぜ当初に比べ、ご自身の態度が変わったのだと思いますか?」と、筆者は衞藤氏に尋ねた。衞藤氏は少し考えて、こう言った。

「そらあ、カーンさんらが困っちうことはわかっとるしなあ。当初よりイスラム教への理解を深めたっていうことはない。でも、まあ、なんちゅうか……」

自身の態度の変化を認めたくないという感情もあるのか、衞藤氏は口を濁した。もしかしたら衞藤氏本人も、自分の姿勢が軟化した理由をよく理解できていないのかもしれない。しかし、別府ムスリム協会と衞藤氏らの対話を間近で見てきた筆者の視点からは、両者の歩み寄りが見えた瞬間がこれまで何回もあった。

杵築市の住民による反対運動が盛り上がり始めたとき、「土葬墓地建設反対で共闘しよう」と、水面下で衞藤氏に呼びかけた、ある杵築市議会議員がいた。しかし、この呼びかけを衞藤氏はキッパリと断ったという。その理由を、衞藤氏はこう語る。

「反対陳情を出したばかりの段階ならばともかく、もう今は別府ムスリム協会と一緒に新しく合意しようとしているときです。いまさら全面反対はできないと伝えました」

別府ムスリム協会が、日出町内に土葬墓地用の土地を購入してから約4年、筆者がこの取材に関わり始めてから、足かけ2年が経過した。振り返ってみるとこの取材は、筆者が頭の中で勝手に思い描いていた構図が「間違いだった」と突きつけられる、驚きの連続でもあった。

日出町に行く前は、「多様化した日本社会を象徴する在日ムスリムvs保守的な反対派地元住民」という、単純でわかりやすい対立の構図で、筆者はこの問題を切り取ろうとしていた。しかし、衞藤氏との対話を続けていくなかで、当初抱いていたのとは別の考えが芽生えていった。

正直に言えば、東京で下調べを始めたばかりのころ、日出町議会議員の衞藤氏に対し、筆者は間違った先入観を抱いていたように思う。第1章で述べた通り、筆者が取材を始めたときにはすでに、この問題は地元新聞社やテレビでそれなりに取り上げられていて、話題も呼んでいた。日本ではマイノリティな、ムスリムによる土葬墓地建設の試みは、「移民」や「国際化」といういくつかのテーマと複雑に絡み合いながら、世の中に賛否両論の波紋を広げていた。

Ｔｗｉｔｔｅｒ《ツイッター》など、インターネット上の書き込みのなかでは、外国をルーツに持つ住民に対する差別的な発言が、珍しくなく見られた。こうしたネット上の差別主義者は匿名がほとんどだったが、地元住民である衞藤氏は実名で反対の声を上げる、数少ない人物だった。ネット上の露骨な差別発言を見るにつれ、こうしたインターネット上の無責任な反対論者と衞藤氏を、無意識に同一視していたのだと思う。「反対派を批判してやろう」という思惑を胸に秘めていた筆者にとって、衞藤氏へのインタビューは絶対に欠かせない取材だった。

最初、筆者は町議会の名簿に公開されていた衞藤氏の自宅電話番号に連絡したが、不在だったため、簡単な伝言を留守電に残した。しばらくたって、知らない携帯電話から着信が入った。折り返し連絡をくれた、衞藤氏だった。

「取材ですよね。じゃあ、どこで会いましょうか。今から役場のほうに、私が行きましょうかねえ」

「いえ、私は東京在住なので、来週日出町へ行く予定です」

「えっ、東京！　そらあ、遠いところからご苦労さまです。じゃあ、来週会いましょう」

ずいぶん気さくな感じの人で、拍子抜けした気分になった。

翌週、日出町役場の裏手にある飲食店で、筆者は衞藤氏と待ち合わせた。初めて対面した彼は、まるで仁王像のように怒りがほとばしる表情をしていた。不純な動機を抱いていた筆者は、「おお、これぞ想像していた反対派住民だ」と、期待に胸を弾ませた。

東京から突然やってきた筆者を警戒していたのかもしれない。衞藤氏の口調は、常に静かな敬語だった。しかし、土葬墓地建設への不安を口にするときだけは眉間にシワを寄せ、激しい大分弁になるのだった。鼻息がこちらにまで聞こえてきそうなくらいの、怒りの声だった。

「何か起きたら、日出町の、地元の未来はどうなるんじゃ！」

その後、衞藤氏は半日かけて、湧き水が飲める水くみ場、水源地、ため池、そして墓地建設予定地を案内してくれた。この時点ではまだ、「衞藤氏は明確に口にしないだけで、実はイスラム教を理由に反対しているのでは」と、筆者は勘繰っていた。衞藤氏が気をゆるめてムスリムへの差別発言でもすれば、必ず批判してやろうといったつもりで、筆者は彼の話の一つひとつに神経を集中させていた。しかし、それとなく水を向けても、イスラム教を露骨に蔑視する衞藤氏の発

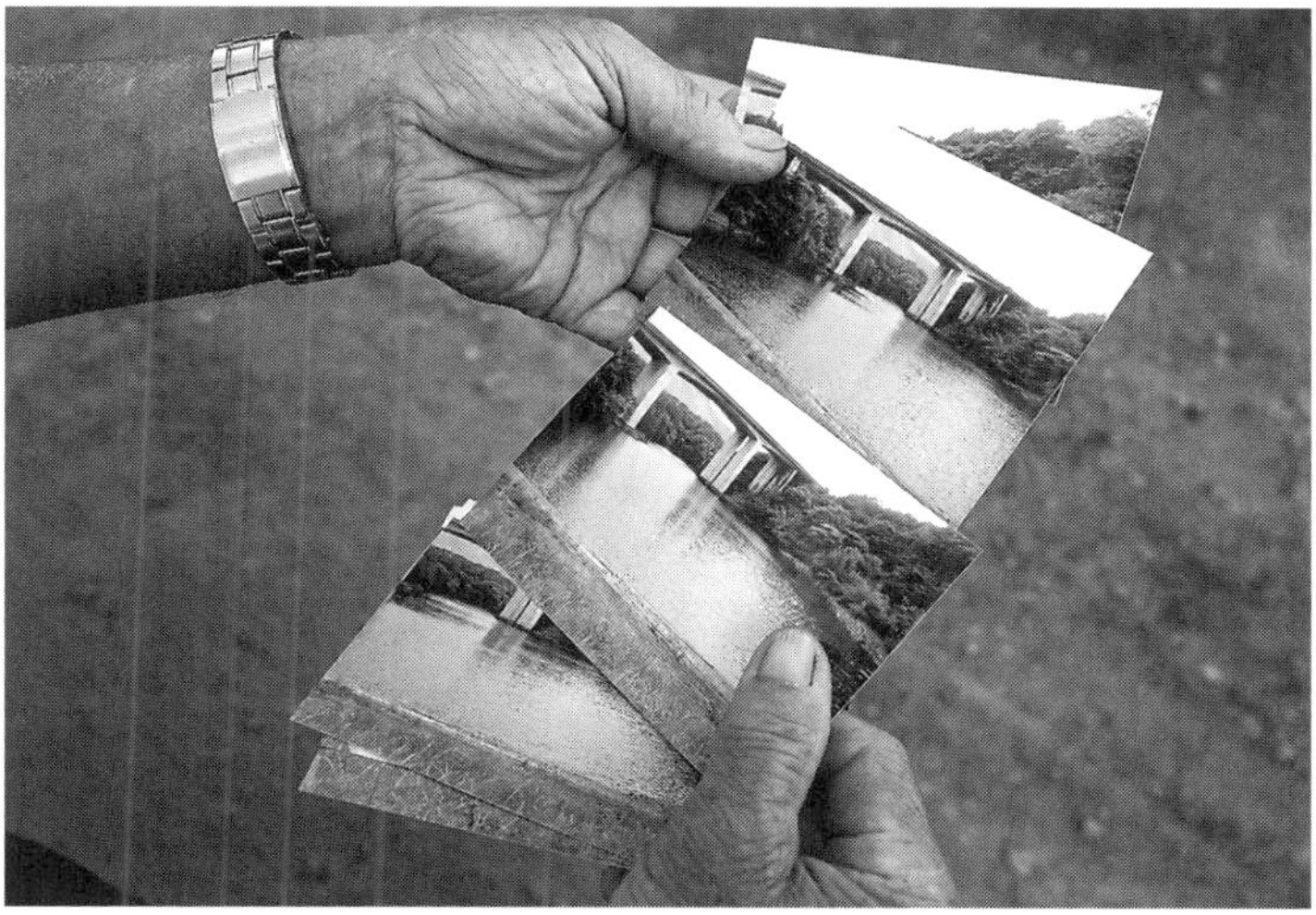

日出町内のため池の写真を見せる衞藤氏の手。分厚い手のひらと太い指が特徴的だ

言はなかった。むしろ話せば話すほど、衞藤氏に対して当初抱いていたイメージは薄くなり、確かに頑固で時代遅れな発言はするものの、同時に憎めない人物像が浮かび上がってきた。

とある信号のない横断歩道に衞藤氏の運転する車が差しかかったとき、彼は若い女性に道を譲った。女性は軽く会釈をして、ハンドルを握る衞藤氏の前方を横切って行った。女性の後ろ姿にチラリと視線を向けながら、衞藤氏は助手席の筆者に言った。

「やっぱり、女性には優しくならんといかんですからねえ」

すると続けて横断歩道に女性が現われ、衞藤氏はまた道を譲った。しかし、今度の女性は衞藤氏に会釈をしなかった。すると彼は、「いやあ、これだから若い人は……。やっぱり譲らなければよかったですねえ。はっはっは」と、豪快に笑った。

そうした衛藤氏の生の姿を見て、「イスラム教に忌避反応を示す地元住民」という切り口だけでは、土葬墓地反対派の深い心理は探れないのではないかと、筆者は思うようになっていった。もしかしたら、当初思い描いていた単純な対立の構図は間違っていたのかもしれない――。そんなふうにも感じるようになった。

最初のインタビュー取材を終えた際、衛藤氏は「ホテルで飲んでください」と言って、缶ジュースをくれた。かぼすを使ったジュースだった。後で知ったが、大分県特産のかぼすは、衛藤氏の大好物でもあった。ホテルでそのかぼすジュースを、早速飲んだ。独特の甘い酸味が、口の中に広がった。

もともと筆者はこの問題について、ムスリム側の意見を中心に聞き、「多様な社会の実現」を後押しするようなテイストの原稿に仕上げたいと思っていた。一応公平を期すため、反対派の意見も聞かねばならないが、それは最低限ですませようという、よこしまな気持ちが正直あった。しかし、このかぼすジュースを口にして、筆者の考えは変わった。以降、筆者は取材の方向性を修正し、反対派を含む地元住民とムスリム側の双方を平等に訪ね、対立する意見を丁寧に聞く日々を送り始めた。

3つの難しいテーマ

反対・賛成両面からの取材を進めてわかったのは、この問題の背後には、いくつかの異なるテーマが存在しているという複雑さだった。「イスラム教」という要素はもちろん重要ではあるのだが、唯一の核心ではない。この問題には、おおむね3つの難題が内在している。第1は「墓地の新規建設」。第2は「土葬という葬送方式」。そして第3が「イスラム教」である。

どれもが重要でお互いに関連しあってはいるのだが、筆者のように「社会の多様性」を支持する考え方を持つタイプの人間は、特にムスリムというマイノリティを取り巻く事情に意識が向きやすい。そして漠然と「イスラム教」という要素だけを考えていると、「墓地」と「土葬」には反対しているが、実は「イスラム教」には特に否定的ではないという立場の人を見落としやすい。

しかし同時にややこしいのは、「墓地」にも「土葬」にも「イスラム教」にも絶対反対の立場を示す、排他的な主張も確かに存在している点だ。もともと排外主義的な思想を持ち合わせていた人物の場合、「イスラム教」という要素に過剰反応し、あらゆる事実を無視して強硬な反対論者となる例がある。そして残念ながら、こうした極端な思考を持った人間は「イスラム教」だけでなく「土葬」という要素をも、ヘイトスピーチ（憎悪表現）のターゲットにする。

全国各地で在日コリアンなどへのヘイトスピーチを繰り返してきた「在日特権を許さない市民の会」（在特会）の元会長で、政治団体「日本第一党」党首の桜井誠氏は2022年6月、日出町に自ら足を運び、以下のようなスピーチを行った。

「この日出町では、ムスリムという連中を呼んだのか。頼むからうちに来てくれとやったんですか。

そんなことやってないんですよ。彼らは勝手に日出町に来て、勝手に住み着いているだけでしょうが。そしていま、死にかけている途中であるならば勝手に死ねばいいんです。この国は日本人の国です。われわれ日本人の一人ひとりのためにある国家です。それがなぜ外国人に配慮しなければならないのか」

桜井氏のスピーチは、大分県でムスリムが増えた背景にある別府市の国際化推進政策や、皇族をはじめとして日本にも土葬文化があった歴史などには触れず、土葬をストレートにイスラム教批判につなげている。また別府ムスリム協会には、帰化をした人を含めた日本国籍保有者（日本人）がいるという事実をも、完全に無視している。

日出町の土葬墓地問題だけでなく、ムスリムに対して憎悪を抱く排外主義者が、こうした多文化共生の問題にまつわる議論に関わってくると、前後の事情をまるで顧みない、激しい誹謗中傷ばかりを持ち込んでくる傾向がある。そして、そうした誹謗中傷はしばしば、物事の解決に本当に重要な問題を無視し、押し流していく。そのような現象が実際、２０２２年７月の参議院議員選挙期間中に見られた。同選挙には、イスラム系民族の「ウイグル」にルーツを持つ女性候補者2人が出馬していた。自民党から出馬した英利《えり》アルフィヤ氏と、保守系政党「新党くにもり」から立候補したグリスタン・エズズ氏だ（双方とも落選）。

周知のように、ウイグルの地は現在、中華人民共和国の新疆ウイグル自治区とされている。ウイグル人のイスラム教信仰やその文化が弾圧されていることは、世界中からの批判を浴びてもいる。同時にこのウイグル問題は、反中国を掲げる保守派が長年批判してきたテーマでもある。保守を自任する人間ならば、彼女たちを支援してもよさそうなものだったが、現実は違った。

2人の落選に直接影響したかは不明だが、選挙期間中、彼女たちは同じような誹謗中傷にさらされた。これまで歩んできた道も政策内容もまったく異なる2人なのだが、インターネット上の批判者たちはそんなことを気にせず、「イスラム教徒は国に帰れ」「中国のスパイだ」などと罵った。しかも、その匿名批判者らの大半は、保守を自称する人々だった。そして、このときも「イスラム教徒が増えたら土葬が増える」「非衛生な土葬を日本に持ち込むな」「郷に入っては郷に従えで、イスラム教徒も日本では火葬をしろ」などと、彼女らが特に政策課題として掲げていたわけでもない「土葬」が、槍玉に挙げられていた。いまや土葬とは、こうした排外主義者たちがイスラム教を批判する際に用いる、重要なキーワードにまでなっている現実があるのだ。

こうした論理そっちのけのヘイトスピーチを詳しく分析すると、反対・賛成という単純な二面性だけでは、この問題の核心に迫りきれないということがよくわかる。土葬墓地に反対という同じ立ち位置でも、衛藤氏ら日出町の反対派住民と排外主義者たちの心理は、同一でない。

墓地建設の特殊性

このイスラム土葬墓地建設の問題に内在するすべての要素をいっしょくたにして説明しだすと混乱するばかりなので、一つひとつの要素を、順に検証していくことにしよう。

まず最も重要な要素は、墓地という土地が持つ特殊性だ。人間は必ず死を迎える生物であるから、墓は誰しもが認める公益性を有している。しかし、同時に忌み嫌われる施設でもあり、建設が予定された土地の周辺で暮らす住民は、嫌悪感や精神的苦痛を感じやすい。それゆえに墓地の建設や拡張をめぐる住民反対運動は、土葬であろうとなかろうと、全国各地で発生している。

神奈川県横浜市が制作した、興味深い報告書がある。少子高齢化や核家族化の進行など、社会が変化するなかで将来を見すえた墓地のあり方を調査・研究するため、同市では「横浜市墓地問題研究会」を2009年に設置した。学識研究者、弁護士、マスコミ関係者など有識者12人で構成された同研究会は、約1年間で8回の研究会を開き、墓地を取り巻く課題や今後の対策を取りまとめた。同研究会が2010年にまとめた報告書では、墓地と都市の景観や財務面での問題だけでなく、用地選定をめぐった事業者と住民間の紛争についても、検討・分析されている。

それによると、2003年4月に横浜市墓地経営条例が施行されてから、09年末までの6年9カ月間で、同市内では墓地の新設・拡張が合計51件計画された。そのうち、住民との紛争に発展したのは16件で31％。しかし、新設計画だけを見ると、紛争の発生率はぐっと上がる。29件の新設計画で紛争に発展したのは、なんと52％。いかに墓地の新設が物議をかもしやすい性質を有しているかがわかる。拡張計画だけを見ると、22件のうち紛争が発生したのは1件だけなので、墓地経営に関する条例が制定された以降に新規で墓地を建設するのは、難易度が高いということだ。

また、墓地の規模による紛争発生率の比較もされているが、報告書は「墓地の規模に関わらず紛争が起きている」と結論付けている。また、建設に反対する住民たちの主な主張は、「周辺環境への影響」「墓地の設置そのものに対する不快感」「墓地の永続性、経営主体に対する不信感」などである。これらは、日出町の住民が主張した不安に重なる部分がある。

直線距離で大分県から700キロ以上離れた横浜市の問題が、日出町で生じた問題と類似性を持っている点を考慮すれば、墓地という特殊な施設の新設計画自体に、住民の反発を招きやすい性質があったと言わざるをえない。よって「地下水への影響」など、科学的に根拠が不明確な主張をしているという事実だけをもってして、衞藤氏ら反対派住民を「排他的」と断罪するのは、かなりの暴論ともいえるだろう。

土葬は不衛生なのか

こうした墓地が抱える特有の性質だけでなく、日出町での計画には「土葬」という第2の不安要素が加わった。ここで議論の焦点は、「土葬の安全性」に関する問題に移る。「墓地の公益性」を認めた住民に対しても、土葬という側面から、新たな説得をしなければならなかったということだ。

火葬が戦後急速に広まり、土葬がほぼ消滅した背景についてはすでに詳しく述べたので、繰り返さない。しかし、火葬、土葬など、葬儀の形が日本でどのように変遷してきたかという情報が社会で正しく理解されていない点も混乱に拍車をかけたのではないかと、ここで再度強調しなければならない。

「土葬は衛生的に問題がある」「一方、火葬は感染症対策として有効」――。どちらも日出町の反対派住民を取材していたなかでよく耳にした言葉だが、正直なところ、あまりに漠然としている。根拠に言及していないだけでなく、「土葬の何が衛生的に問題なのか」という、肝心な説明はない。戦後急速に広まった火葬墓地だけが公益性を有していて、土葬墓地には公益性がないということだろうか。これもまた、土葬を否定したいがために持ち出された論理といえよう。

土葬に対する衛生的な懸念は、これまで世界各国で長く議論されてきた。一方、日本で火葬と衛生対策が概念的に結びついた正確な時期については、定かではない。明治時代から担当省庁の通達などを通じて段階的に法令などが整備されていったのだが、後世にも大きく影響を与えた国の法制度は、1897年に施行された伝染病予防法だろう。

この法律では、コレラだけでなく、赤痢、腸チフス、ペストなどの急性感染症に罹患した患者の遺体は、火葬しなければならないと定めている。しかし、衛生対策としての火葬という位置づけを決定的にした同法も、「すべての遺体を火葬すべし」と推奨する内容ではないし、土葬を不衛生と断定し、禁止したものでもない。

明治時代に制定された伝染病予防法の精神は、現在の日本の法体系にも受け継がれている。「感染症の予防及び感染症の患者に対する医療に関する法律」は第30条2項で、「一類感染症、二類感染症、三類感染症又は新型インフルエンザ等感染症の病原体に汚染され、又は汚染された疑いがある死体は、火葬しなければならない」と定めている。しかし、この条項も以下のように続く。

ただし、十分な消毒を行い、都道府県知事の許可を受けたときは、埋葬することができる。

ようするに、現在の日本でも国の制度上は、感染症患者の遺体を土葬する余地が残されているということだ。もちろん、都市部などには個別に土葬を全面禁止している自治体の条例も存在するため、一概には言えないが、こうした土葬に関する法令への基本的な情報が不足しているため、深い考えもないまま、「土葬は不衛生」という結論に飛躍してしまう人が多い。

余談だが、新型コロナウイルスが蔓延した時期に、「衛生的な問題」を理由に土葬禁止に踏み切り、国際的な批判を浴びた国がある。仏教徒が人口の7割を占めるスリランカだ。2020年春、同国政府は「コロナ感染死した遺体を埋葬すると地下水にウイルスが入り込み、感染が拡大する可能性がある」として、火葬を義務化した。この決定に対して、イスラム協力機構（OIC）などの国際団体から「人権侵害だ」と非難の声が上がり、国連人権委員会が是正を求める事態にまで発展した。

世界保健機構（WHO）も、「土葬でコロナの感染が広がる科学的な根拠はない」と説明し、最終的にスリランカ政府は2021年2月にこの方針を撤回した。20年といえば、日出町でイスラム土葬墓地建設問題に注目が集まり出した時期とも重なっている。そのため、「土葬墓地に反対する住民は、ムスリムの人権を侵害している」という主張は、スリランカを批判するニュースからも間接的な影響を受けていたのではないかと、筆者は推測している。

ちなみに、スリランカは「コロナに感染した遺体の土葬」を禁止しただけであり、全面的に土葬を禁止する制度を強制執行したのではない。国際的にみれば、「土葬は感染症拡大につながる」と決めつけ、火葬を絶対善とするような極論は、科学的な観点から見ても人権の観点から見ても、それだけ異彩を放っているということだ。

議論されなかった土葬行政

ではなぜ、明治時代に生まれた「土葬に対する概念」が、現代になっても受け継がれてきたのだろうか。そのヒントは、墓地行政が変化していったなかで、「土葬のあり方」だけが議論から取り残されてきた点にあると思う。

墓地行政における地方分権の方向性を大きく決めたのは、1999年7月に制定された通称「地方分権一括法」と呼ばれる法律だ。正式名称は「地方分権の推進を図るための関係法律の整備等に関する法律」といい、475の関連法案からなる。この法律制定以前、墓地行政に関わる事務は、国から都道府県が委託を受ける形で行われていた。しかし、この地方分権一括法により、墓地行政は地方自治体が自らの責任で指導監督を行う、「自治事務」に変更された。国が通達で全国を指導する体制ではなくなり、地方自治体の裁量権が高まったといえる。各都道府県の判断で、市町村への権限移譲が以前から行われていた地域もあったが、地方分権一括法の成立で、墓地行政の権限が市町村や特別区へ移る流れが全国的に強まった。

墓地行政に変革が訪れた時期、当時の厚生省は将来を見すえて、墓地経営・管理の指針などについて、各都道府県知事や自治体の首長宛に通知を出している。この通知には、墓地経営の許可や運営に関する基本的な指針だけでなく、標準的な契約約款の例なども明示されている。各自治体はこの通知を参考にした上で、地域の事情に合わせた条例を制定していったわけだが、この厚生省通知では、議論されていなかった点がある。それが日本の国際化だ。

墓地経営を取り巻く現状を分析する項目では、一部の霊園における杜撰な運営実態などに加えて、少子化・核家族化などによる家族意識の希薄化なども指摘されている。しかし、少子高齢化と同時期に進んだ「国際人材の受け入れ」や「多様な文化推進」については、まったく触れられていない。この通知では、「国際化」「外国人」「移民」という単語は使われておらず、ムスリム移民が増えることで土葬の需要が高まるという可能性も、当然ながらまったく指摘されていない。あくまで火葬率9割の、現状の日本社会を徹頭徹尾前提にした内容で、「少子高齢化し、国際化した後の日本」を見すえた墓事情は、議論からすっぽりと抜け落ちてしまっているのだ。「利用者の多様なニーズへの対応」という言葉は使われているものの、日本の国際化を鑑みた上での議論はなされていない。

前述した横浜市墓地問題研究会の報告書でも、土葬のあり方に関しては議論されていない。江戸時代の鎖国政策が終わり、真っ先に開港地に選ばれた横浜は、外国文化との接点が多い国際都市でもある。その横浜市にとっても、「土葬行政のあり方」は盲点だった。

政府が国際化を進める一方で、その結果生じる可能性のあった土葬の需要増に関して、行政サイドはほとんど議論をしてこなかった。それだけ国際化と墓地行政は、関連ある政策として認識されてこなかったということだ。言葉を変えれば、別府ムスリム協会による土葬墓地建設計画に端を発した一連の問題は、墓地行政と国際化政策が初めて交差した課題ともいえるのではないだろうか。

こうした背景を考えれば、日出町役場が対応に苦慮したのも、少しは理解できる。何しろ肝心の日本政府が方針を打ち出していないのだから、どんな判断を下しても紛糾するのは必至だ。仮にことなかれ主義の人物ならば、「町民を二分するような政治的な判断はごめんこうむりたい」と考え、誰かに責任を押し付けるのが当然の帰結といえるだろう。

そこに宗教差別はあったか

「墓地の新規建設」と「土葬という葬送方式」という2つの特殊性に、第3の要素「イスラム教」が加わり、さらに議論は複雑となる。

特定の宗教や信仰に対する偏見や先入観が要因となり、ある集団を攻撃する行為、あるいは排除するような意思決定が行われることは、すなわち差別である。たとえ加害者側に明確な悪意が

日本でもムスリムは増えている（西千葉モスクでの礼拝の様子）

なかったとしても、こうした差別は社会から根絶されるべきものだ。なかでもムスリムは世界各国で偏見と差別の対象にされ苦労している。日本もイスラムフォビア（イスラム嫌悪）の解消に努めなければならない。「ムスリムの増加」と「治安の悪化」を安易につなげるような主張は、糾弾されるべき暴論だ。実際に、日出町でのイスラム土葬墓地建設計画をめぐる議論のなかでは、「イスラム教」という要素は、差別とつながりかねない危うい側面もあった。

例えば筆者が日出町での取材を始めたころ、賛成派サイドの一部から、こんな主張をよく聞いた。

「地元住民は反対理由に水質汚染の懸念を上げている。しかし、これまで土葬を行ってきた近隣のキリスト教会が定期的に実施している水質検査の結果では、水質汚染はないことが証明されている。それでもなお、イスラム土葬墓地には許可が出ない。建設予定地のすぐ近くにあるキリスト教会には土葬の許可が下りているのに、ムスリムが墓地を建設しようとしたら、地元で反対の声が上がる。これは宗教差別なのではないのか」

こうした主張には、確かに正しい事実も含まれている。しかし、いくつかの異なる要素が混合された上に、重要な事実関係を無視して、「住民のイスラムフォビアが反対運動の原因」と、安易に誘導してしまっているきらいがあった。

第1章で述べたとおり、墓地の許認可権限が日出町に移譲された時期の関係で、近隣の大分トラピスト修道院は住民説明会を開かぬまま、県知事から直接許可をもらえた経緯がある。この事実が無視されたことは、反対派住民と露骨な差別主義者を同一視する流れを生んだことと無縁ではないだろう。筆者が東京で下調べをしていた時期を振り返ってみると、メディアに登場する無責任な専門家のレトリックも誤解の拡散につながったと感じている。宗教や葬送文化に詳しいと称する専門家の分析は、日出町が歩んできた歴史だけでなく、「墓地の新規建設」や「土葬という葬送方式」などの重大な要素を、まるで考慮していないものばかりだった。以下は、実際に報道で流れた、ある専門家たちの分析だ。

イスラム教徒にとっても墓地は故人の安らぎと復活を待つための場所。大分県のケースでは、公衆衛生面で問題がない土地を選び、周りに迷惑のかからない山中でもあり配慮している。多様な葬送文化が共生するために、互いに理解を深め、歩み寄ることが必要だ。

住民は未知の宗教にどう対処していいかわからず戸惑いを感じやすい。お墓という特殊な土地利用だからこそ、日本人のイスラム教徒を交えるなどして、お互いに納得するまで話し合うことが必要だ。


間違った発言ではないし、住民側のイスラムフォビアが反対の原因だと断定しているわけでもない。しかし、これらの主張に加えて「なぜか近隣のキリスト教会には土葬許可が下りている」という情報だけが文脈に加わった場合、読者や視聴者はどのような印象を受けるだろうか。行間を読んで、「公衆衛生面で問題がない」にも関わらず、地域住民たちが「未知の宗教」であるイスラム教に戸惑い、忌避しているという一面だけが強調された形で、現状を認識してしまうのではないか。

こうした専門家の主張は大抵、「差別はよくない」という、誰も否定はしない意識を利用している。しかし、自分にとって都合のいい事実だけを切り取り、反対運動の原因を暗に示唆するのは、あまりにも軽率と感じる。多様性や国際化を絶対善として、それに反対する地域の住民は歩み寄る精神のない偏屈な人間と決めつける、一方的な価値観が見え隠れしていると感じるのは、筆者だけだろうか。

差別とは誰しもがする恐れのあるもので、「差別はしない」と自任している人物が差別的な発言を意図せずしてしまうことは、往々にしてある。また、口にしてはいけないとわかっていても、心のなかに差別的な考えが潜んでいて、思わず行動や発言に反映される場合もあるだろう。

衛藤氏ら反対派住民の多くは、国際社会や多様性という言葉からは縁遠い農村で生まれ育った人たちばかりだ。筆者が訪ね歩く以前、反対派住民が露骨な差別発言を口にしていた可能性もある。この点に関して衛藤氏に率直に聞くと、こう答えてくれた。

「うーん、正直に言えば、日本の風習にならってほしいという気持ちはありますよ。でも、それを心で思うのと、イスラム教徒の方へ直接いうのとは、違いがあるんじゃないか。面と向かってそんなこと言い続けたら、差別っちうか、人間として失礼でしょう。国として国際化を目指そうとしてるんだったら、そういったことは言っちゃいかんのじゃないですか」

わが家の裏庭に墓地を作る覚悟

以上のように、「墓地の新規建設」「土葬という葬送方式」「イスラム教」という3つの観点で見ると、同じ意見の人間でも、それぞれ微妙に立ち位置が異なっていることがわかる。

これら3点すべてで全面的に賛成の立場を明確に示していた代表的な住民は、別府ムスリム協会に土地を提供した一般社団法人速見ヒルズの代表理事・三浦定雄氏だろう。三浦氏以外にも賛成の立場を表明している人はいる。しかし、賛成論者のうちどれだけの人が、三浦氏ほどの覚悟を持ち合わせているのだろうか。
公共施設の建設に反対する住民の態度を表現する言葉に、「NIMBY《ニンビー》」というものがある。英語で「Not In My Backyard」（わが家の裏庭はやめてくれ）という意味で、施設の必要性は認めるものの、「自分の周辺には建てないでほしい」という態度を示す。ゴミ処理場や、それこそ墓地や火葬場など、公益性は高いが、周辺住民の反対にあいやすい施設の建設計画では、よく直面する問題だ。

別府ムスリム協会の土葬墓地も、このNIMBYと無関係ではない。そもそもこの問題は、経済発展の起爆剤として「外国人にも優しい国際的なまちづくり」を推進した別府市では土葬墓地が見つからず、困り果てたムスリムが日出町にたどり着いたという経緯がある。日出町内でも、役場に近い中心部と、建設予定地に近い高平地区の住民とで、態度が異なるのは当然だ。墓地行政の繊細な性質を考えれば、もし日出町の中心部で建設が予定されていれば、さらに町の意見は分断されていただろう。

「多様性を受け入れる社会」と簡単にいうが、国際化を推進した結果、地域が受けいれるのはモノではなく人間だ。そして人間ならば、誰しもが死を迎える運命にある。だから国際化を推進した側にこそ、多様な文化に対応する墓地を用意する責務があるのではないだろうか。

別府市だけを批判しているのではない。土葬墓地問題は日本が国際化政策を続ける限り、どこにでも発生しうる。遅かれ早かれ、日本社会全体で直視しなければならない課題だ。多様な文化が交差する国際都市のきれいな部分だけを受け入れ、死生観に関わる触れたくない現実からは目を背ける。そして、都合の悪いことは過疎化した地域に押し付ける。そんな状態を「国際化」と呼んでいいのだろうか。

日出町に「友愛の花」は咲くか

別府ムスリム協会のカーン代表は、どんなに時間がかかっても日出町で土葬墓地の建設を目指す意向だ。

「日本人はいい人ばかりです。きっと話し合えば、反対している人たちもわかってくれるはずです」

そう言いながら、いつもカーン氏は笑顔を浮かべる。困難な状況に直面して、自分自身を励ましているのかもしれないと思っていたが、どうやら心の底から「対話を続ければ、いつかは理解し合える」と信じているようだ。

第三者としての中立な立場を守るため、ジャーナリストは取材相手から金品を受け取ってはならない。当たり前の話ではあるが、この問題を取材するなかで筆者は、たびたびその規範から踏み出したことがあった。衞藤氏から手渡されたかぼすジュースだけでなく、賛成派・反対派の双方から、食事を何度かご馳走になってしまったのだ。別府ムスリム協会ではイマーム（モスクの礼拝指導者）が作ったカレー、衞藤氏の選挙事務所では必勝祈願のカツカレーをいただいた。頑なに拒否すれば、逆に怪しまれて彼らの懐に入れないのでは、と思った面もある。

衞藤氏の自宅玄関で話し込んでいたとき、反対派住民でもある末綱文雄氏が、笑みを浮かべながら突然やってきたことがあった。玄関先に腰かけた末綱氏に、衞藤氏は話しかけた。

「かぼすジュース持ってこようか」

「いや、いらない」

しかし、末綱氏の返事をろくに聞かずに衞藤氏は立ち上がり、台所から茶菓子とかぼすジュースを持ってきた。末綱氏の分だけでなく、筆者の分もあった。相手の返答に関わらず客をもてなそうとする衞藤氏の姿に、ハッとさせられた。モスクで来訪客をもてなすカーン氏の姿と重なったからだった。

実は、カレーを食べながら雑談するムスリムたちの姿をモスクで目にしながら、膝を突き合わせて仲間と食事をする衞藤氏の姿が重なったときもあった。土葬墓地の建設をめぐって異なる主張をしてはいるが、衞藤氏ら反対派住民と別府ムスリム協会のムスリムは、同じ共同体で暮らす仲間を大切にしている点では、共通している。ある意味、似たもの同士ともいえる。

衞藤氏は遠くを見つめて、感慨深げに話した。

「国際化を進めた国や県が責任をもって、外国の文化にも対応した墓地を作るべきじゃないか。もしくは、昔の日本みたいに小さい土葬墓地をあっちこっちの山に作ったらどうじゃろう。まあ、それも難しいとは思うけどなあ」

衞藤氏らが住む集落は、かつて南端村と呼ばれていた。この地域に生まれ育った住民の多くが南端小・中学校の卒業生でもある。母校の校歌を口ずさめば、「昔の光景が今でも浮かんでくる」と衞藤氏は話す。1959年に制定された校歌には、3番まで歌詞がある。

見はるかす
豊の海原　明けそめて
希望にもゆる　朝陽かげ
学びの窓に　射しそえば
ああ　向学のひとみかがやき
真理をもとめ　光に生くる
われらの母校　南端

山なみの
みどり明るく　空晴れて
尼蔵《びぞう》の岳の　白き雲
学びの庭に　かぎろえば
ああ　友愛の花は咲きみち

体をきたえ　力にほこる
われらの母校　南端

鳥歌い
小笹の風も　やわらぎて
西崦塾《せいえんじゅく》の　文の声
学びの園に　ささやけば
ああ　求道の胸は高鳴り
心をみがき　歴史を創る
われらの母校　南端

「真理」「友愛」「求道」など、小学生には難解な言葉も含まれている。在学中には歌詞の意味を深く理解できていなかったと、衛藤氏は振り返る。しかし、大人になり、歳を重ねるにつれて、歌詞のよさを噛み締めていったとし、こう言う。

「ほかの学校の校歌も聴いたことがあるけど、やっぱりうちのが一番ですよ。あんなにいい校歌はないと思うなあ。南端の自然のことを歌っていて、本当にいい校歌でなあ」

2番の歌詞に、「友愛の花」という言葉が登場する。衛藤氏ら反対派住民の多くは、かつて幼かったころに学び舎で校歌のメロディーに乗せて、「友愛」という言葉を口にしていた。「愛」という言葉と衛藤氏の不器用なイメージにギャップがありすぎて、つい吹き出しそうになった。「友を愛する」などという言葉は、なかなか実生活で使うことはない。真正面から語るのも、どこか恥ずかしい気がする。しかし、衛藤氏が言う通り、確かにこの歌詞は、集落で出会った人たちの雰囲気をよく表しているとも感じた。

豊かな自然にあふれ、友人を愛する集落、旧南端村。衛藤氏が子供のころは、同級生が30人はいた。しかし、結婚や就職で地元を離れる人が年々増え、今でもその日出町高平地区に残る衛藤氏の同級生は、3~4人ほどしかいないという。

そんな衛藤氏に、「これから高平地区は、どういう未来を描いていけると思うか」とたずねた。帰ってきた答は、次のようなことだった。

「この地域に若い人がおらんこともないんですが、何もないんですよ。仕事は街の方にある。何か活力になるようなものができないかなあ。土葬墓地だけだったら活気どころか、ますますしぼんでいってしまうような気がします。イスラム教の人たちだけが使うようなものではなく、ほかの住民も一緒に使えるようなものはできないかなあ。とにかく活気が戻らないと……」

衛藤氏が繰り返し使った「活気」という言葉が、彼の心情を投影しているようにも聞こえ、妙に印象に残った。

最終的に反対派住民を納得させるのは、科学的説明でもなく、法律でもない。結局は「心を込めて話し合うことに尽きる」と、筆者は取材を進めるなかで考えるようになっていった。信頼さえあれば、時に人間は科学的な確証がなくとも、不安や不満を乗り越えることができる。この取材では、そういった「人間の非合理的な部分」を、常に見せられていたような気がした。

日出町のイスラム土葬墓地完成までには、まだまだ長い時間がかかるかもしれない。しかし、別府ムスリム協会のムスリムと日出町の住民が歩み寄り、着地点を見つける日は、そう遠くない気もしている。彼らが手を結べたとき、「友愛の花」は、再びその場所で咲くことになるだろう。

おわりに

本書の執筆作業が最終盤に差しかかった2022年11月末、大分県日出町のイスラム土葬墓地建設問題に関する、新たなニュースが報じられた。これまでムスリム側の依頼を受けて建設申請の代理人を務めてきた行政書士の男性が、日出町の対応がずさんで精神的苦痛を受けたとして、計80万円の損害賠償を求め杵築簡裁に提訴したのだ。

筆者は直接取材をしたことがないのだが、この男性は別府ムスリム協会が日出町役場と交渉を始めた初期の段階から計画に関わっていて、関係者へのインタビューでもたびたび名前を聞いた。本書に記した通り、この土葬墓地計画に対する日出町役場の態度は二転三転を続けており、彼が受けてきた心労は、実際相当なものだと思う。そして、筆者は「この裁判が墓地建設計画にどのような影響をおよぼすのだろうか」と、不安に思った。関係者に聞くと、当然ながら明るい展開にはつながっていないようだった。

すでにこの日出町のイスラム土葬墓地建設問題は、日本に住むムスリムの生活全体に影響をおよぼしかねないほど、注目されている。仮に反対派住民の意見を黙殺するような形で建設を強行した場合、その決定は必ずまた全国規模で大きく報道され、事情をよく知らない一般の人々の間に、イスラム教を嫌悪する風潮が蔓延していく可能性すらあると思う。

このあとがきを書いているのはクリスマスの時期で、筆者が見たテレビ番組では、ある2つのニュースが流れていた。

ひとつは、各地のクリスマス・イベントを紹介した明るいニュース。周知の通り、クリスマスはもともとキリスト教の宗教行事だが、現在は日本でも季節の一大イベントとして、多くの人々に受け入れられ、親しまれている。テレビに映っていた、賛美歌を楽しそうに歌う日本人の姿には、新しい価値観を柔軟に受け入れる吸収力と適応力が表れていると感じた。こうした日本のいい一面を見ると、時間が経過すれば各種のイスラム教の考え方も、徐々に日本社会になじんでいくのではないかという期待感を抱いた。

もうひとつのニュースは、暗い話題だった。ベトナム人技能実習生が妊娠を理由に雇用支援を打ち切られたという、深刻な問題が特集されていた。クリスマスのニュースとは相反して、臭いものにはフタをし、ことなかれ主義を貫く日本社会の悪い側面を強烈に感じた。日本政府は長く、外国人労働者を安い労働力として受け入れてきた実態があるわけだが、「技能実習」という言葉を使い、この「移民問題」への直視を避けてきた。少子高齢化、それに伴う人口減が進んだ今、異なる文化を持つ外国の人々と一緒に、どのような日本社会を今後築いていくべきなのかという課題は、日本全体に投げかけられている問いであるにもかかわらずだ。

土葬を主要テーマにする本書であるが、問題の本質は葬送方法そのものではない。私たち日本人が「国際化」「多様性」「移民」というテーマをどのように理解していくかという問題である。だからこそ、このイスラム土葬墓地建設問題は、日出町だけでなく、社会全体で議論すべきではないのか。この取材を通じて、そうした思いが強くなった。

筆者は、多様性あふれる日本社会の実現を目指すべきと考えている。それゆえ本書では、日本が今後も国際化を推進していくのならば、少なくとも土葬を求める人々ときちんと対話するべきだという立場を貫いたつもりだ。簡単に解決できる問題ではないとは理解している。読者各位が自ら答を見出すために、本書が何かの助けになれば、これに勝る幸せはない。

筆者は宗教学の研究者ではないし、葬儀業界の専門家でもない。そのため本書は、あくまでも筆者自身の取材をベースにした、個人的見解を書いたものである。学術的な誤りや不適切な点があれば、登場人物の発言も含めて、すべて筆者がその責を負う。

執筆にあたり、宗教団体関係者の皆さんをはじめとする、多くの方々にご協力いただいた。本文中ではすべての方を紹介できなかったが、この場を借りて礼を述べたい。

農山漁村文化協会の元編集者である故・甲斐良治氏、The Team Journal の上垣喜寛氏と平井明日菜氏には、山間部の農村を歩いて取材する重要性を教わった。彼らの指導がなければ、筆者は大分県日出町の皆さんと同じ目線で会話を交わすことはできなかっただろう。また、この本をまとめるにあたり、季刊『宗教問題』編集部の小川寛大氏には、アイデア出しから取材同行、編集、そして最後の校正まで、献身的に伴走していただいた。東京都足立区の居酒屋で、無名のライターである筆者に対して「本を書きませんか」とお声かけいただいた夜は、一生忘れられない。小川氏の粘り強い励ましがなければ、こうして一冊の本にまとめることはできなかった。そして、筆者を評価して小川氏につなげてくれた、小学館の櫻井健一氏に感謝する。

最後に、取材を陰から支えてくれた家族、特に筆者を常に励まし勇気をくれた、妻のジェッサに心からの感謝を伝えたい。外国人である妻と日本で暮らすことで、信じられないような差別を実体験したことも、本書を書き進める上での大きなエネルギー源となった。国籍の異なる配偶者を温かく受け入れてくれた家族、そして日本を外から見つめる貴重な機会を与えてくれた妻の存在がなければ、この作品は完成しなかった。本当にありがとうございました。

Maraming《マラミン》 Salamat《サラマ》 po《ポ》!（ありがとう！）

２０２２年12月

鈴木貫太郎

主要参考文献

浦川道太郎ほか「各地方公共団体における墓地経営に関する情報共有のあり方に関する研究」（厚生労働科学研究費補助金平成28年度総括研究報告書　２０１７年）

共同通信社大分支局・大分合同新聞社編集局『異文化の風　ＡＰＵのキャンパスから　立命館アジア太平洋大学』　大分合同新聞社　２００２年

笹川平和財団編『アジアに生きるイスラーム』　イースト・プレス　２０１８年

島崎昭『火葬概論　6訂版』　日本環境斎苑協会　２０１０年

神社本庁調査部編『神葬祭の栞』　神社本庁　１９７０年

全日本葬祭業協同組合連合会編『葬儀業界の現状』　消費者契約法専門調査会　２０１７年

高橋繁行『土葬の村』　講談社現代新書　２０２１年

永井・Ｍ・Ａｒｉｆｉｎ『日本人の為のイスラーム解説』　日本イスラーム文化センター　２０２０年

日本カトリック司教協議会・諸宗教部門編『カトリック教会の諸宗教対話の手引き　実践Ｑ＆Ａ』　カトリック中央協議会　２０２１年

碑文谷創『死に方を忘れた日本人』　大東出版社　２００３年

ふるさと日出の歴史編集委員会編『ふるさと日出の歴史』　日出町教育委員会　２０１５年

古野宮子・三浦定雄『速見エコビレッジの挑戦　峠はかならず越えられる』　弦書房　２０１８年

三好千春『時の階段を下りながら　近現代日本カトリック教会史序説』　オリエンス宗教研究所　２０２１年

三浦綾子『旧約聖書入門　光と愛を求めて』　光文社　１９９０年

森茂『世界の葬送・墓地』　法律文化社　２００９年

水谷周監訳著・杉本恭一郎訳補完『クルアーン　やさしい和訳　第5版』　国書刊行会　２０２１年

横田睦ほか『Ｑ＆Ａ霊園・斎場運営の実務』　新日本法規出版　２００４年

横浜市墓地問題研究会編『横浜市墓地問題研究会報告書』　横浜市　２０１０年

Chief Coordinator Dato Zulkifli Bin Abdul Malek & Project Manager Suzuki Toshinori『美しい人生　イスラム式の生き方』　Pustaka Digital　２０２１年

Jennifer Golub『Japanese Attitudes Toward Jews』　The Pacific Rim Institute Of The American Jewish Committee　１９９２年

「教皇庁教理省、死者の埋葬および火葬の場合の遺灰の保管に関する指針」日本カトリック中央協議会　２０１７年

「今後の御陵及び御喪儀のあり方について」　宮内庁　２０１３年
『聖クルアーン　日亜対訳注解』　サウジアラビア王国イスラーム諸事・布教・伝導省
「続発の墓地反対運動に行政は何を見ているのか」（『寺門興隆』２００３年10月号　興山舎）
「ルポ　立命館アジア太平洋大学の誕生」（『リクルートカレッジマネジメント』１０４号　リクルート進学総研　２０００年）

鈴木貫太郎（すずき・かんたろう）

1981年、東京都生まれ。東京電力退社後、アメリカ・オハイオ州の大学を卒業。早稲田大学ジャーナリズム大学院修了。米ニューヨーク・タイムズ東京支局、フィリピンの邦字新聞・日刊まにら新聞勤務を経て、現在フリーランス記者。

ルポ　日本の土葬

2023年1月20日　第1刷発行
2023年11月6日　第2刷発行

著　者　鈴木貫太郎
発行者　小川寛大
D T P　松崎琢也
発行所　合同会社宗教問題
〒134-0084
東京都江戸川区東葛西5-13-1-713
TEL：03（3869）4770　FAX：03（6685）2612
印刷所　株式会社シナノパブリッシングプレス

ISBN978-4-910357-13-3